Auf ins Vergnügen

001tv Abb.: ba

Tel Aviv an einem Wochenende

Viele der Sehenswürdigkeiten Tel Avivs liegen im Stadtzentrum, weshalb auf einem Spaziergang durch die City gleich eine Vielzahl von Highlights besichtigt werden können. Angenehm ist dabei, dass die Entfernungen nie besonders groß sind und somit auch ein Spaziergang mit Kindern problemlos vonstattengehen dürfte. Wer nur ein Wochenende in Tel Aviv zur Verfügung hat, dem mögen die folgenden gezielten Routenvorschläge durch die Metropole am Mittelmeer dienen.

1. Tag: Die vielen Gesichter Tel Avivs

Stadtspaziergang

Nach einem Frühstück sollte man den Tag am **Kikar Dizengoff** ❶ beginnen. Der Platz bildet den Mittelpunkt der Innenstadt und von hier aus bieten sich einem gleich mehrere Besichtigungsmöglichkeiten an. Für einen ersten Rundgang empfiehlt es sich, die **Rehov Meir Dizengoff** ❷ nach Süden zu schlendern. Sie ist nicht nur die geschäftigste Einkaufsstraße der Stadt, sondern eignet sich auch, um z. B. in einem der vielen Kaffeehäuser erstmal den speziellen Charakter Tel Avivs auf sich wirken zu lassen. Am südlichen Ende der Straße befindet sich das futuristische **Dizengoff Center** (s. S. 15), das – abgesehen von den zahlreichen Shops – auch baulich eine Art Wahrzeichen der Stadt darstellt. Von hier sollte man auf der **Rehov HaMelekh George V.** ❹ weiter gen Süden gehen. Im **Etzel Museum** ❺ erfährt man einiges über den paramilitärischen Freiheitskampf in den 1930er- und 1940er-Jahren, der letztendlich zur Unabhängigkeit des Staates Israel geführt hat. Schräg gegenüber kann man sich im **Park Gan Meir** (s. S. 44) eine Verschnaufpause gönnen.

Wenige Meter weiter wird es bunt und lebendig – beispielsweise am **Bezalel-Textilmarkt** (s. S. 19). Noch etwas weiter südlich, auf der anderen Seite der Kreuzung mit der viel befahrenen Rehov Allenby, beginnt der **Shuk HaKarmel** ❻, Tel Avivs Obst- und Gemüsemarkt. Es ist eine Freude, hier den Händlern beim Anpreisen ihrer Waren zuzusehen und dabei festzustellen, dass die Seele der Stadt doch im Grunde orientalisch ist! Wer dienstags oder freitags kommt, sollte es keinesfalls verpassen, den nahegelegenen **Kunsthandwerksmarkt** (s. S. 19) in der verkehrsberuhigten Rehov Nachalat Binyamin zu besuchen. Spätestens jetzt dürfte das Magenknurren beginnen, doch keine Sorge, im Gassengewirr des westlich des Marktes gelegenen **Kerem HaTemanim**, dem „Viertel der Jemeniten“ (s. S. 67), finden sich äußerst authentische Lokale, in denen man nicht nur delikat, sondern auch verhältnismäßig günstig **zu Mittag speisen** kann.

◁ Vorseite: Garantiert unterhaltsam – Straßenkünstler in der Rehov Nachalat Binyamin [D9–E11]

Routenverlauf im Stadtplan
Der unter „1. Tag“ beschriebene Spaziergang ist mit einer grünen Linie im Stadtplan eingezeichnet.

Südlich des Shuk HaKarmel 6 ragt der **Shalom Meir Tower** 8 in den Himmel (zu erreichen über die Rehov Kalisher), in dessen Inneren man die kostenlose Fotoausstellung besichtigen sollte. Von hier biegt man nach Westen in die Rehov Shalom Shabazi ab, der schmucken Hauptstraße des vor wenigen Jahren frisch sanierten Viertels **Neve Tsedek** 12 mit seinen Galerien, hübschen Boutiquen, Cafés und ein paar äußerst empfehlenswerten Lokalen. Wer sich für modernen Tanz begeistert, der kann im **Suzanne Dellal Centre** (s. S. 37) Infos zum dortigen Programm einholen. Im südlichen Teil Neve Tsedeks bietet sich **HaTachana** 13 – der alte Bahnhof der Zuglinie Jaffa-Jerusalem – für einen Kaffee- oder Shopping-Zwischenstopp an. Nebenan befindet sich das Museum of the I.Z.L. (s. S. 41), das ultimative Ausstellungshaus für an Militaria Interessierte. Anschließend sollte man sich auf die andere Straßenseite der viel befahrenen Rehov Yehezkel Koifman begeben, um auf der Tayelet 7 entlang der Küste nach **Jaffa** (s. S. 91) zu schlendern. Am Ende des Alma Beach sollte man gen Süden bis zum Kreisel am Kikar HaSokhnut gehen, dem „Nullpunkt" des historischen Jaffa. Den Ausgangspunkt für eine Erkundung bildet hier der **Clock Tower** 27 an der lebendigen Rehov Yefet, die an der westlichen Seite von der **Mahmudiya-Moschee** 28 flankiert wird. Zuerst empfiehlt es sich, dem **Shuk HaPishpeshim** (s. S. 20) östlich des Platzes einen Besuch abzustatten, denn er bildet zweifelsohne das Epizentrum des „ursprünglichen" Jaffa. Danach kann man sich der etwas entspannteren, aber auch deutlich touristischeren **Altstadt Jaffas** zuwenden. Man erreicht sie über die steil ansteigende Rehov Mifrats Shlomo, die am **Kikar Kedumim** 29 endet. Hier oben sollte man erstmal den atemberaubenden Blick über die Küstenlinie Tel Avivs genießen und danach der schmucken **Saint Peter Church** 30 mit dem angeschlossenen Kloster einen Besuch abstatten. Wer sich für das Altertum interessiert, der erfährt beim unterirdischen Rundgang **Jaffa Tales** (s. S. 93) sicher einiges Interessantes, während Sonnenanbeter bei entsprechender Wetterlage vielleicht lieber eine Pause im leicht erhöht liegenden **Park HaPisgah** (s. S. 44) einlegen. Danach schlendert man über die schmalen Gässchen Mazal Moznaim und Netiv HaMazalot durch den nordwestlichen Teil Alt-Jaffas bis hinunter zum **Hafen Namal Yafo** 31 mit seinem Leuchtturm. Ob auf ein kaltes Getränk, einen Snack oder einfach, um das hie-

Nur nicht verunsichern lassen ...

*Wer **Straßenschilder** vergleicht, kann schnell den Eindruck bekommen, sich verlaufen zu haben, denn die **Schreibung von Straßennamen** ist alles andere als einheitlich: Z. B. wird aus der Rehov Nachalat Binyamin („Rehov" heißt „Straße") hier und da die Nahalat Benyamin Street, aus der Sderot Rothschild („Sderot" bedeutet „Allee" oder „Boulevard") wird die Sdeerot Rotshild oder der Rothschild Boulevard und die Rehov Ibn Gabirol kann durchaus auch zur Rehov Iben Gavirol oder zur Ibin Gabeerol Street mutieren. Also bloß nicht entmutigen lassen, solange es ähnlich klingt, ist man richtig!*

sige Flair zu absorbieren, eine Stippvisite am Wasser lohnt sich. Apropos Wasser: Von Jaffa verläuft die **Tayelet** 7 genannte Strandpromenade praktisch pfeilgerade nach Norden und jeder sollte sich ganz individuell sein Plätzchen – ob auf den Klippen des **Charles Clore Parks** (s. S. 44), an einem der Strände oder zum Aperitif in einer der vielen **Strandkneipen** – suchen, um dem Naturschauspiel der im Meer **versinkenden Sonne** zu frönen und damit das touristische „Pflichtprogramm" dieses ersten Tages ausklingen zu lassen.

Abends

Zum abendlichen Festschmaus empfiehlt sich z. B. das **Goocha** (s. S. 26) für Fischgerichte, das **Café Noir** (s. S. 26) für ein köstliches Schnitzel oder das **Dallal** (s. S. 25) für Leckerbissen der israelisch-orientalischen Küche. Wer danach noch genug Energie hat bzw. kein Arrangement für eine „kulturelle Soirée" getroffen hat, findet im anmutig-unprätentiösen Ausgehviertel **Florentin** 15 jede Menge Kneipen und Bars, um den ersten Abend standesgemäß zu begießen. Wer mehr auf Tanzen aus ist, dem sei ein Besuch in einer der zahlreichen Diskotheken (s. S. 34) empfohlen.

2. Tag: Tel Aviv für Genießer und Kunstfans

Morgens

Nach einer Erfrischung im Meer sollte man diesen Tag im Zeichen der **Bauhaus-Architektur** beginnen. Als Ausgangspunkt bietet sich z. B. der Boulevard **Sderot Rothschild** 9 ab der Kreuzung mit der Rehov Herzl an, denn sie bildet eine der repräsentativsten Gegenden innerhalb des als **Weiße Stadt** 11 bezeichneten Bauhaus-Ensembles. Im Bauhaus Center (s. S. 107) an der Rehov Meir Dizengoff erhält man das entsprechende Kartenmaterial oder einen Audioguide für einen Rundgang.

Wer bisher noch nicht zum Frühstücken gekommen ist, muss nicht verzagen, denn die Sderot Rothschild verfügt über reichlich Cafés. An israelischer Geschichte Interessierte sollten außerdem der an der Straße beheimateten **Independence Hall** 10 einen Besuch abstatten.

Am nördlichen Ende der Sderot Rothschild befindet sich ein großes Areal, an dem das **HaBimah National Theatre of Israel** (s. S. 36), das **Frederic Mann Auditorium** (s. S. 37) und auch der **Helena Rubinstein Pavilion** (s. S. 40) zu finden sind. Letzterer bietet wechselnde Ausstellungen, die für **Kunstfreunde** sicherlich interessant sind, und wer nun in Sachen Malerei erst richtig in Fahrt gekommen ist, der könnte noch das **Tel Aviv Museum of Art** 18 besuchen, das man über die Sderot Sha'ul HaMelekh erreicht. Ansonsten kann man getrost weiter in Richtung Norden zur nahegelegenen **Rehov Ibn Gabirol** 20 gehen, denn hier ist es ein Leichtes, die geeignete Location für das wohlverdiente **Mittagessen** zu finden.

Nachmittags

Für eine Pause bieten sich die Bänke am **Kikar Yitzhak Rabin** 19 an, dem riesigen Platz, an dem sich auch das Rathaus befindet. Am nordwestlichen Ende des Platzes führt die hübsche **Sderot Ben-Gurion** 21 in Richtung Küste. Praktisch alle paar Hundert Meter laden auf dem begrünten Mittelstreifen der Allee kleine Getränkebüdchen zu einem Espresso oder

einem frisch gepressten Fruchtsaft ein. Bei Hausnummer 17 kann man sich im **Ben-Gurion House** 22 auf eine Zeitreise in die 1940er- und 1950er-Jahre begeben, als Israels erster Premierminister David Ben-Gurion dieses Gebäude sein Zuhause nannte.

Die Sderot Ben-Gurion endet am erhöht gelegenen **Kikar Atarim** mit seinen futuristischen Pilzpavillons. Nun hat man die Qual der Wahl, wie man den weiteren Nachmittag gestalten möchte. **Sonnenhungrige** können sich gen Süden bewegen und an einem der Strände den Teint auffrischen. Wer hingegen noch etwas Energie hat, sollte entlang der **Strandpromenade** nach Norden gehen. Nach wenigen Hundert Metern erreicht man den alten **Hafen** (**Namal** 23), in dessen Lagerhallen heute angesagte Boutiquen und Kneipen zum Shoppen und Schlemmen einladen. Auch ein einfacher Spaziergang entlang des großzügig mit Holzplanken angelegten „Mega-Sonnendecks" nördlich des ehemaligen **Hafenbeckens** lohnt sich! Freitags findet hier ein Lebensmittelmarkt statt, wer an einem anderen Tag kommt und trotzdem etwas Marktflair möchte, der kann den kleinen, aber feinen, überdachten **Shuk HaNamal** (s. S. 20) besuchen, in dem man auch einen Kaffee oder einen Imbiss zu sich nehmen kann.

Sollte das Wetter bei keiner dieser Alternativen mitspielen, empfiehlt es sich, ab der **Rehov Ben-Yehuda** [C4/5] – die Haltestelle liegt kurz vor dem Kikar Atarim – mit dem Bus oder Sherut (Sammeltaxi, s. S. 124) in die Universität 25 nach Ramat Aviv zu fahren, denn hier befindet sich inmitten des Campus das äußerst sehenswerte Museum **Beit HaTfutsot** 26, das einem die Geschichte der Juden in der Diaspora näherbringt.

Das Holocaust- und Widerstandsmonument auf dem Kikar Yitzhak Rabin 19

Abends

Abends ist ein Besuch von Tel Avivs **schickem Nightlifeviertel** am nördlichen Ende der Rehov Meir Dizengoff 2 und der Rehov Ben-Yehuda zu empfehlen. Für ein Abendessen bieten sich speziell das sympathische **Shila** (s. S. 25) oder für die, die es nach Exotik lüstet, das **FU Sushi** (s. S. 28) an und im Anschluss gibt es in der Umgebung mehr als genug einladende Kneipen. Alternativ könnte man auch im Umkreis der Rehov Lilienblum einkehren: Im schicken **Abraxas North** (s. S. 24) ist z. B. gutes Essen garantiert und im nahegelegenen **Nanuchka** (s. S. 28) steppt bis frühmorgens der Bär! Für Kulturfreunde könnte ein Theaterabend im **HaBimah National Theatre of Israel** (s. S. 36) oder im **Cameri Theatre** (s. S. 36) bzw. ein Konzert des **Israel Philharmonic Orchestra** im Frederic Mann Auditorium (s. S. 37) diesen zweiten Tag in Tel Aviv abrunden.

Das gibt es nur in Tel Aviv!

Zuerst sind natürlich die weitläufige ***Strandpromenade Tayelet*** *7 und die davor liegenden* ***Sandstrände*** *zu nennen, die besonders zum Sonnenuntergang eine einzigartige Atmosphäre ausstrahlen. Immerhin zählt Tel Aviv zu den wenigen Großstädten, in denen man sich in wenigen Minuten von einer Museums-, Kneipen- oder Shoppingtour ganz entspannt im Meer abkühlen kann. Dann darf man keinesfalls das als* ***Weiße Stadt*** *11 bekannte Ensemble von über 4000 Gebäuden im Stil der Bauhaus-Architektur verpassen.*

100 % Tel Aviv ist auch das ***„relaxt-groovige Flair"****, für das die „Stadt, die niemals schläft" so bekannt ist und das man am besten in einem der zahlreichen Cafés, Kneipen oder Klubs erlebt.* ***Kulinarisch*** *erlebenswert sind die vielen typisch israelischen Imbissmöglichkeiten wie Falafel, Hummus oder Sabich. Und zur allgegenwärtigen Feel-Good-Sommerlaune passt am besten ein Glas frisch gepresster Fruchtsaft, das unangefochtene „Nationalgetränk" der Tel Avivim, wie man die Einwohner der Stadt auf Hebräisch nennt.*

003tv Abb.: dk

Tel Aviv für Citybummler

Für ein erstes Kennenlernen Tel Avivs bietet sich der auf S. 8 beschriebene Stadtspaziergang an. Wer einen Rundgang jenseits des „Mainstream" bevorzugt, der bekommt auf der hier skizzierten Erkundungstour durch das Zentrum und die angrenzenden Stadtviertel ein gutes Bild der vielfältigen Metropole.

Beginn eines solchen **Rundgangs** sollte der Kikar London an der Tayelet 7 oberhalb des Frishman Beaches sein. Ein Bummel durch die City ist aber nicht nur im rein touristischen Sinne spannend, denn Märkte, Lokale, Cafés und Geschäfte sorgen für reichlich Abwechslung.

Man verlässt die Uferpromenade mit ihren gewaltigen Hotelkomplexen in Richtung Osten auf der **Rehov Bograshov**, einer der hippsten Straßen für ausgefallene Mode, den ultimativen Haarschnitt oder, um einfach ganz entspannt einen Cappuccino in der Sonne zu genießen. Nach 600 m biegt man rechts in die Rehov Tchernihovski ab. Hier beginnt eines der vielleicht authentischsten, wenn paradoxerweise auch **ruhigsten** und fast am wenigsten besuchten Viertel der **Innenstadt.**

Wer Zeit hat, kann einen Abstecher zum Kikar Bialik 3 machen. An diesem kleinen Platz haben das **Bialik House** (s. S. 38), das **Rubin Museum** (s. S. 42), das **Beit Ha'ir** (s. S. 38) und das **Felicja Blumental Music Center and Library** (s. S. 37) praktisch für jeden musealen Geschmack etwas zu bieten. Alternativ kann man der Rehov Tchernihovski nach Süden und dann der lärmenden Rehov Allenby nach links bis zum nahegelegenen Kikar Magen David folgen, von wo einen die besonders unter Shoppern beliebte **Rehov Sheinkin** [D/E8] bis zur entspannten **Sderot Rothschild** 9 bringt. Wem jetzt bereits nach einer Pause zumute ist, der findet inmitten des Grünstreifens auf dem Boulevard genügend Bänke, aber auch nahegelegene Lokale.

Immer wieder ein Erlebnis – die Tayelet 7 zum Sonnenuntergang

Routenverlauf im Stadtplan

Der hier beschriebene Rundgang ist mit einer rötlichen Linie im Stadtplan eingezeichnet.

Von hier kann man den Streifzug entlang der nach der berühmten Bankiersfamilie benannten Allee in Richtung Südwesten fortsetzen, um dann nach Süden die **Rehov Nachalat Binyamin** [D9/E10] entlangzuschlendern. Zwar hat dieser Teil der Straße nichts mehr mit dem nördlicher gelegenen verkehrsberuhigten Künstlerviertel – das allgemein unter dem Namen Nachalat Binyamin (s. S. 19) firmiert – zu tun, aber gerade die **Normalität der Gegend** besticht. Doch keine Sorge, das nächste Highlight wartet schon. Nach gerade mal 300 m erstreckt sich in der Rehov Levinski der **Levinski-Gewürzmarkt** (s. S. 21), ein Schlaraffenland für (Hobby-)Köche und Fotografen. Wem nun der Magen knurrt, der findet inmitten des Marktes verschiedene kleine Restaurants mit vorrangig persischer oder türkischer Küche. Andernfalls sollte man sich weiter durch die kleinen Gässchen – wie die Rehov

Herzl und Rehov Florentin [D11] – des unter trendbewussten Jugendlichen beliebten, schick-gammeligen **Viertels Florentin** ⑮ Richtung Westen bewegen. Im krassen Gegensatz zur coolen Urbanität Florentins steht das Gebiet um die **Rehov Abarbanel** [D11] mit ihren Schreinereien und Schmiedewerkstätten, in denen laut gehämmert und geschweißt wird. Doch gerade dort, zwischen den Kleinfabriken, verbergen sich die **angesagtesten Kneipen** der Stadt.

Weiter geht es auf der Rehov Abarbanel in Richtung Süden und dann auf der Derech Shlomo nach Westen bis in die relativ unbekannten Stadtviertel **Noga** und **American Colony** ㉜. In Letzterem lohnt sich ein Besuch der **Beit-Immanuel-Kirche** (s. S. 97) sowie mehrerer kleiner originalgetreu nachgebildeter Holzhäuser, von denen sich in einem das **Maine Friendship House** (s. S. 97) befindet, das an 35 christliche Familien aus dem US-Bundesstaat Maine erinnert, die ab 1866 hier siedelten.

Auf der **Sderot Yerushalayim** läuft man nun in Richtung Norden – nahe des HaGesher Theatre (s. S. 36) finden sich Kneipen für eine kleine Erfrischung – und dann auf der Rehov Eilat nach Osten. Nach etwas mehr als 600 m geht es über die Rehov Chelouche [C10] zum Viertel **Neve Tsedek** ⑫ mit seinen kleinen Häuschen im Stil des ausgehenden 19. Jahrhunderts und dem großen Angebot an schicken Boutiquen und trendigen Lokalen.

Anschließend folgt man der **Rehov Chelouche** [C10] nach Norden und biegt dann nach rechts auf die Rehov HaMered ab. Wer möchte, kann von hier die über die nach Westen verlaufende Rehov Yosef Levi zu erreichende **Hassan-Bek-Moschee** ⑭ besuchen oder sich schnurstracks auf der Rehov HaMered in Richtung Nordwesten halten, um dann z. B. über die Rehov Daniel [C9] wieder die Uferpromenade **Tayelet** ⑦ zu erreichen, die einen zurück zum Ausgangspunkt, dem Kikar London, führt.

005tv Abb.: dk

Tel Aviv für Kauflustige

Tel Aviv kann getrost als Shoppinghauptstadt Israels bezeichnet werden. Zwar muss man hier Typisches wie lokale Handwerkskunst oder wirklich wertvolle Souvenirs suchen, doch dafür kann in Sachen Mode, Schmuck oder ausgefallene Lifestyle-Artikel keine Stadt des Landes mit der Mittelmeermetropole mithalten.

Tel Avivs **Haupteinkaufszone** erstreckt sich im Wesentlichen um den Kikar Dizengoff ❶. Dabei sind die Rehov Meir Dizengoff ❷, die Rehov HaMelekh George V. ❹ und die Rehov Ben-Yehuda [C5/6] die prominentesten, wenn auch nicht exklusivsten Adressen. Doch auch die umliegenden **Seitenstraßen** wie die Rehov Gordon [C/D5], die Rehov Frishman [C/D6], die Rehov Sheinkin [D/E8] oder die Rehov Bograshov [C6/D7] bieten durchaus vielseitige Shoppingfreuden, während die wuselige Rehov Allenby [C/D8] speziell für Hardcore-Feilscher und Schnäppchenjäger empfehlenswert ist. **Außerhalb der Innenstadt** sind außerdem die Gegend um den Kikar Yitzhak Rabin ⓳, die Straßen und Gässchen in Neve Tsedek ⓬ und in Florentin ⓯ sowie natürlich der Namal ㉓ genannte alte Hafen wegen ihrer vielen kleinen Boutiquen äußerst beliebt.

Einkaufszentren

Die amerikanisch inspirierte Begeisterung für Shoppingmalls hat auch vor Tel Aviv nicht Halt gemacht, nicht zuletzt, weil das Shoppen in klimatisierten Gebäuden gerade im Sommer

006tv Abb.: dk

seine Vorteile hat. Zu den bekanntesten Einkaufszentren gehören:

⓱ [G6] **Azrieli Center**, So–Do 10–22, Fr 10–16, Sa 20–24 Uhr. Architektonisch und einkaufstechnisch das interessanteste Shoppingcenter Tel Avivs ist das futuristische, 1999 errichtete Azrieli Center. Auf den ersten drei Etagen finden sich hochwertige Shops, ein Kino und zahlreiche Restaurants und Imbissstände. Vom 3. Stock führt ein Lift in die 49. Etage zur Aussichtsterrasse.

1 [D7] **Dizengoff Center**, Ecke R. Meir Dizengoff und R. HaMelekh George V., So–Do 9–24, Fr 9–16, Sa 20–24 Uhr. Die älteste Shoppingmall Israels – 1977 eröffnet – ist bis heute populär und bie-

Im Zentrum Tel Avivs – der Kikar Dizengoff ❶

Dank Klimaanlage auch an heißen Tagen beliebt – das Azrieli Center ⓱

Shoppingareale

Die wichtigsten Shoppingbereiche der Stadt sind im Kartenmaterial mit einer rötlichen Fläche markiert.

tet so ziemlich alles, was das Shopperherz begehrt. Auch hier gibt es Schnellimbisslokale, im Dachgeschoss ein Schwimmbad und donnerstags findet ab 12 Uhr ein Lebensmittelmarkt statt.

2 [F7] **Gan Ha'ir,** Ibn Gabirol/Kikar Yitzhak Rabin, So-Do 10-20, Fr 10-14.30 Uhr. Die Gan Ha'ir Shoppingmall befindet sich in einem halboffenen Gebäude direkt hinter dem Rathaus und gehört zu den kleineren ihrer Art. Neben Mode finden sich hier auch Geschäfte für Spielzeug, Haushaltswaren, Bücher etc. Auf dem Dach hat das Einav Cultural Center seinen Sitz, in dem häufig Kulturveranstaltungen stattfinden.

3 [B7] **Opera Tower Shopping Center,** 1 R. Allenby, tägl. 10-22 Uhr. Das Opera Tower Shopping Centre ist das unprätentiöseste Einkaufszentrum der Stadt mit einer ausgesuchten Auswahl an Geschäften, die mit den angenehmen Dingen des Lebens aufwarten und ist besonders bei älteren Semestern beliebt.

4 **Ramat Aviv Mall,** 40 R. Einstein, So-Do 10-22, Fr 10-16, Sa 20-24 Uhr. Die 1997 eröffnete Ramat Aviv Mall ist mit mehr als 140 Geschäften auf einer Verkaufsfläche von 17.800 m² die exklusivste Shoppingmall der Stadt. Besonders bei Regenwetter sind die zwei Ebenen „Shopping pur" eine gute Alternative zur Innenstadt, da die ganze Anlage überdacht ist. Die Geschäfte umfassen v. a. Designerboutiquen und Flagshipstores großer Modefirmen. Man erreicht die Mall am besten mit dem Taxi (ca. 40 NIS) oder dem Sherut 4א (8 NIS) ab der Rehov Ben-Yehuda.

007tv Abb.: dk

Mode und Accessoires

Tel Aviv kann durchaus als Trendsetter für junge, unkonventionelle Mode bezeichnet werden. Die Stadt verfügt fast schon über ein Überangebot an kultigen Designerboutiquen und trendigen Underground-Läden. Die großen Fashion Labels von Armani bis Zegna findet man am Kikar HaMedina [F3].

5 [C11] **American Vintage,** HaTachana. Cooles Designergeschäft mit ausgefallenen Kreationen statt Haute Couture. Damen- und Herrenmode, darunter die beliebten Baumwoll-T-Shirts.

6 [D3] **Alef Alef,** 5 R. Elkally. Neben renommierten Trendmarken findet man hier auch viele individuelle Labels aus Israel, von cooler Abendmode bis zu leichten Alltagdesigns.

7 [B1] **Comme il faut,** Namal Hangar 25. Zweifelsohne einer der ultimativen Modetempel der Stadt mit stilvollen und doch ausgefallenen Designs aus Europa und Israel.

8 [D9] **Daniella Lehavi,** 21 Sderot Rothschild. Daniella Lehavis schicke Kreationen umfassen Gürtel, Handtaschen, Schuhe und allerlei Accessoires. Prädikat: 100 % Tel Aviver Design für die Dame von Welt!

9 [B12] **Gusta,** 16 R. Amiad. In unmittelbarer Nähe des Flohmarkts von Jaffa liegt dieses Eldorado für klassisch-lässige, feminine Mode mit einem Touch Wildheit.

10 [C4] **Heartbreaker,** 203 R. Meir Dizengoff. Jung, leger und v. a. echt „TLV Style" sind die Designs von Ori Fisherman, die man in deren Flagship-Store Heartbreaker bekommt.

11 [C5] **Kay,** 159 R. Meir Dizengoff. Bei Kay finden sich die neusten Schöpfungen der Stardesigner aus Tokyo, Seoul und Hongkong. Garantiert alles andere als Allerweltsmode.

12 [C5] **Oberson Fashion House,** 36 R. Gordon. Das traditionsreiche Modehaus blickt zwar auf eine über 40-jährige Geschichte zurück, die Designs gehen aber dennoch mit der Zeit. Exklusiv und nicht preisgünstig, doch ein Besuch des Showrooms begeistert auch Nichtkäuferinnen!

13 [E9] **Roni Kantor,** 64 Sderot Rothschild. Designergeschäft mit Mode im Stil der 1930er- bis 1950er-Jahre für sie.

14 [C5] **Sarah Braun,** 162 R. Meir Dizengoff. Seit einigen Jahren gilt Sarah Brauns Geschäft als Non-Plus-Ultra-Adresse für schlicht-elegante Damenmode und inzwischen finden auch Männer hier Interessantes.

15 [C3] **Story,** 246 R. Meir Dizengoff. Hinreißend nonchalante, aber durchaus tragbare Mode für sie und ihn von verschiedenen in- und ausländischen Designern.

Das Dizengoff Center (s. S. 15) war Tel Avivs erste Shoppingmall

Beautyartikel und Wellness

16 [C11] **Ahava,** HaTachana. Sie haben keine Zeit für einen Besuch des Toten Meeres? Kein Problem, denn bei Ahava gibt es eine erlesene Auswahl an Beauty- und Kosmetikartikeln, die aus dem Salz des am tiefsten gelegenen Sees der Erde gefertigt werden.

17 [B1] **Bayit BaNamal,** Namal, Hangar 26, Tel. 03 7171540, www.comme-il-faut.com. Unter dem Markennamen comme il faut sind hier am Hafen neben einem Spa-Zentrum für Frauen (*Coola* genannt) auch diverse Mode- und Accessoireshops zusammengefasst, die allesamt für Wohlbefinden sorgen sollen. Auch Workshops wie Meditation oder Bauchtanz sind im Angebot.

18 [C6] **Beit Heyoka,** 4 R. Bograshov, Tel. 03 68886864, www.heyoka.co.il. Nein, schwierig ist es wirklich nicht, hier ein paar schöne Stunden zu verbringen, denn in Sachen Kosmetik, Beautytreatment oder Wellness bietet dieser Relax-Palast wirklich das volle Sortiment.

19 [D8] **Sabon,** 21 R. Sheinkin. Definitiv das speziellste Seifen- und Kosmetikgeschäft Tel Avivs. Sehens- und riechenswert!

20 [D6] **Yulia Manicure,** 101 R. Meir Dizengoff, Tel. 1700707706. Maniküre oder Pediküre gewünscht? In diesem Wohlfühlsalon kann frau sich ordentlich verwöhnen lassen.

Bücher und Musik

21 [E5] **Bookworm,** 9 R. Malchey Israel. Tel Avivs angenehmster Buchladen. Zwar ist das Geschäft auf Architektur und Design spezialisiert, aber es findet sich auch Belletristik (Hebräisch und Englisch).

22 [E3] **I.B.S. Records,** 154 R. Ibn Gabirol. Hier kommen Schnäppchen- und Raritätenjäger auf ihre Kosten. Ob

CDs oder LPs, im aus allen Nähten platzenden I.B.S. Records sind wirklich reichlich Schätze „vergraben“.

23 [C10] **Sipur Pashut,** 36 R. Shalom Shabazi. Ein übersichtlicher Schmökerbuchladen. Man bekommt neben hebräischen Werken v. a. Literatur auf Englisch.

24 [D5] **Steimatzky,** 109 R. Meir Dizengoff. Die größte Buchhandlungskette Israels bietet neben internationaler Presse eine reiche Regionalia-Abteilung, aber auch sonst so ziemlich alles, was das Leserherz bei einem Stadttrip begehren könnte (allerdings mehrheitlich auf Englisch). Weitere Geschäfte gibt es in der 107 R. Allenby, im Azrieli Center **17** sowie im Dizengoff Center (s. S. 15).

25 [D7] **The Third Ear,** 48 R. HaMelekh George V. Das Mekka in Sachen Musik und Film. Ob internationale oder israelische Interpreten, Vinyl, CD oder Filme auf DVD, das The Third Ear führt so ziemlich alles und ist obendrein eine gute Adresse für Infos zum Nightlife-Programm.

(Außergewöhnliche) Souvenirs und Geschenke

Altbackene 0815-Souvenirs wie Miniatur-Theodor-Herzl-Büsten, „Don’t Worry Be Jewish“-T-Shirts, Postkarten, Glücksbringer, Minimenorahs, Schlüsselanhänger oder sonstigen Krimskrams bekommt man an den Souvenirläden in Jaffa, der Rehov Ben-Yehuda [C5/6] oder auf dem Shuk HaKarmel **6**. Ausgefallene Mitbringsel dagegen gibt es auf dem Handwerkermarkt in der Rehov Nachalat Binyamin (s. S. 19) oder bei den folgenden Adressen:

26 [C10] **Agas and Tamar,** 43 R. Shalom Shabazi. Wirklich einzigartig kunstvoll gefertigte Schmuckstücke aus Gold oder Silber für Sie und Ihn gibt es bei „Birne und Dattel“.

27 [C3] **Dori Csengeri,** 242 R. Meir Dizengoff. Stylische Mode-Accessoires in Form von Ketten, kunstvoll gearbeiteten Anhängern und anderen Schmuckstücken gibt es in der Boutique der international bekannten Designerin Dori Csengeri.

› **Eretz Israel Museum Shop,** Eretz Israel Museum **24**. Ob edle Objekte oder kreativ-witzige Deko, im Shop des Eretz Israel Museum sind außergewöhnliche und doch typisch israelische Mitbringsel keine Mangelware.

28 [C3] **Goldy,** 232 R. Meir Dizengoff. Ohrringe, Ketten, Ringe und Armreifen – bei Goldy wird man fündig, wenn man extravaganten Schmuck sucht.

29 [C10] **Joï Gallery,** 25 R. Shalom Shabazi. Nicht das einzige, aber das wohl kreativste Geschäft in Neve Tsedek, wenn es um Judaica-Artikel geht.

30 [C11] **Made in TLV,** HaTachana. Fantastisch witzige und vor allem garantiert Tel Aviver Geschenkideen bietet man in diesem modernen Souvenirshop.

☐ *Glücksbringer gibt es auf dem Shuk HaPishpeshim (s. S. 20) reichlich*

009tv Abb.: dk

31 [B12] **One Bedroom,** 12 R. Margoza. Ein Besuch in dieser liebevoll verspielten Lifestyle-Boutique ist einfach herrlich! Man bekommt diverse, meist antik anmutende Gegenstände.

32 [D8] **Photo House Pri-Or,** 5 R. Tchernihovski, www.pri-or.com. Der Fotograf Rudi Wa,ssenstein hat zwischen 1936 und 1960 in Israel etwa eine Million Bilder „geschossen". Wem ein Bild aus dem Archiv gefällt, der kann es hier in der gewünschten Größe entwickeln lassen.

33 [E8] **Retro-TLV,** 123 R. Yehuda Halevi. Bei Retro-TLV ist man auf israelisches Design der 1950er-, 1960er- und 1970er-Jahre spezialisiert, und zwar in Form von Mobiliar, aber auch allerlei kreativen Geschenk- und Souvenirideen.

34 [B12] **Sharon Brunsher,** 13 R. Amiad. Umfangreich, exquisit und zugleich ausgefallen ist die Auswahl an diversen Essenzen, aber auch an allerlei anderen Produkten von Mode bis zu Haushaltsartikeln. Und dabei ist alles garantiert 100 % „made in Israel"!

Auf dem Shuk HaKarmel 6 *ist die Diät schnell vergessen*

35 [F7] **Villa Maroc,** 110 R. Yehuda Halevi. Ein Paradies für Liebhaber orientalischer Gegenstände. Hier gibt es bezaubernde Teekannen, Kissen, Lampen, Taschen, Sandalen und vieles mehr.

Märkte

36 [D8] **Bezalel-Markt,** R. Beit Lekhem, So–Do 9–18, Fr 9–14 Uhr. Am Textilienmarkt unweit der Kreuzung Rehov Allenby/Rehov HaMelekh George V. heißt es „die Spreu vom Weizen trennen". Auf den ersten Blick gibt es fast nur Schleuderware an Wühltischen. Wer gründlich sucht, kann aber auch Hochwertiges zu Minimalpreisen finden.

37 [D6] **Dizengoff-Flohmarkt,** Kikar Dizengoff, Di 11–20 und Fr 7–16 Uhr. Hier findet man hochwertige Souvenirs, aber auch antike Judaica-Artikel, Einrichtungsgegenstände und Schmuck.

38 [D9] **Nachalat Binyamin,** R. Nachalat Binyamin, Di, Fr 10–19 Uhr. Die Gegend der Rehov Nachalat Binyamin bildet das Kurzwaren- und Textilviertel der Stadt, in dem dienstags und freitags eine Art Open-Air-Festival für Kunsthandwerk und

010tv Abb.: dk

Straßenperformances stattfindet. Dann bummelt man hier entlang der Stände, auf denen nicht nur Souvenirjäger fündig werden dürften. Ob kunstvoll gearbeitete Keramiken, Malerei, Holzspielzeug, Lederwaren oder Schmuck, auf dem Markt findet sich ein überaus reiches Angebot an Schönem, Hochwertigem und v. a. Ausgefallenem, denn die hier meist selbst verkaufenden Hersteller sind in der Regel äußerst talentiert.

6 [C8] **Shuk HaKarmel.** Der schönste und traditionsreichste Markt Tel Avivs mit unzähligen Fleisch-, Fisch-, Obst- und Gemüsehändlern, einigen Restaurants, Imbissbuden, Saftständen und Souvenirshops, die von T-Shirts über Judaica-Artikel, Musik und Filme bis zu Ramsch alles anbieten. Am lebendigsten ist der Markt am Freitag, wenn die Händler kurz vor Shabbat-Beginn die letzte Ware verkaufen wollen und die Preise purzeln!

Willkommen im Orient – 1001 Gewürze an einem Marktstand

39 [B2] **Shuk HaNamal,** Namal, Hangar 12, So–Fr ab 9 Uhr. Der relativ kleine Hafenmarkt („Shuk HaNamal“) befindet sich auf zwei Stockwerken und lädt nicht nur zum Einkaufen von Gewürzen, Pflanzen, Obst und Gemüse sowie zahlreichen lokalen Spezialitäten und Delikatessen ein, sondern auch zum Schlendern, Beobachten und Genießen. Jeden Freitagvormittag findet außerdem an der ehemaligen Verladestation gegenüber ein Open-Air-Bauernmarkt statt.

40 [B12] **Shuk HaPishpeshim,** im nördlichen Teil Jaffas, zwischen der Rehov Yefet und der Sderot Yerushalayim. Außer Samstag findet jeden Tag ab 9 Uhr der für Schnäppchenjäger lohnenswerteste und gleichzeitig schönste Flohmarkt Tel Avivs statt. Große Bandbreite diverser Verkäufer, die von billigen Textilien über allerlei ausgefallenen Krimskrams bis zu (teuren) Antiquitäten alles anbieten.

41 **Shuk HaTikva,** R. HaTikva, So–Do 9–17, Fr 9–14 Uhr. Der Geheimtipp unter den Lebensmittelmärkten im Südosten der Stadt. Wer nicht zum Einkaufen kommt, findet hier auch reichlich ausgefallene Gaumenfreuden.

EXTRATIPP

Shop 'n' Stop

Tel Aviv ist ein Paradies für Shopper und Stadtbummler, denn es gibt nicht nur ein wirklich reiches Angebot an Geschäften, sondern man findet auch sehr viele Cafés, Imbissbuden, Fruchtsaftstände und Bänke in den allgegenwärtigen Parks und Alleen, die zum Rasten und Durchatmen einladen. Für einen koffeintechnischen Zwischenstopp im Kaufrausch kann man z. B. im alten Bahnhof **HaTachana** 13, in den diversen Lokalen im Namal Tel Aviv 23 oder im **Bookworm** (s. S. 17) einen Halt einlegen.

Lebensmittel

In den folgenden Geschäften finden sich süße Mitbringsel wie der in Israel heiß begehrte *'Ugat gvinah* (Käsekuchen), aber auch allerlei andere leckere Sachen. Die Versuchung, sie noch im Hotel zu „vernaschen", stellt allerdings eine der Hauptgefahren eines Tel-Aviv-Besuchs dar!

42 [E5] **Bakery,** 72 R. Ibn Gabirol. Bakery ist in Tel Aviv eine Institution für ausgefeilte Konditorei- und Confiseriekunst. Die verschiedensten Kreationen von Sandwiches über *madeleines, tartines* und Croissants bis hin zu feinen Konfitüre- und Brotsorten sind famos.

43 [D6] **Bread Story,** 88 R. Dizengoff. „Simply delicious" sind die Brotsorten, Muffins, *hash browns* und Donuts in dieser typisch amerikanischen Bäckerei, in der man auch ausgezeichneten Kaffee und Frühstück serviert bekommt.

44 [B12] **Galilee's,** 22 R. David Raziel. Hier in Jaffa gibt es Weine, Aufstriche, Soßen, eine eigene Beautyartikelkollektion und vieles mehr aus Galiläa, dem Norden Israels.

45 [C8] **Halva Center,** Shuk HaKarmel. An diesem Stand auf dem Shuk HaKarmel 6 gibt es eine wahrhaftig unaussprechlich gute Auswahl an der Halwa genannten Süßspeise aus einem Mus von Ölsamen und Honig.

46 [C5] **Le Palais des Thés,** 131 R. Meir Dizengoff. Umfangreich und exquisit zugleich ist die Auswahl an Teesorten und -utensilien in diesem Geschäft.

47 [D10] **Levinski-Gewürzmarkt,** Rehov Levinski, zwischen Rehov Herzl und Rehov Ha'aliyah, Buslinien 3, 18, 19, 25, 72, 83, 84, So–Do 8–18, Fr 8–15 Uhr. Hier bietet eine Vielzahl von Händlern ihre Waren feil.

48 [E9] **Max Brenner,** 45 Sderot Rothschild, www.maxbrenner.com. Die Filiale dieser israelischen Chocolaterie ist im wahrsten Sinne des Wortes ein „gefundenes Fressen" für Freunde des „braunen Goldes". Ob Konfekt, Mousse oder Schokoeis – die süßen Seiten des Lebens werden hier groß geschrieben.

› **Olia,** Shuk HaKarmel 6. Bei Olia auf dem Shuk HaKarmel findet sich die vielleicht größte Auswahl an Olivenöl in ganz Israel. Die meisten Produkte kommen aus nationalen Genossenschaften. Es gibt auch zahlreiche Essigsorten und Dressings.

50 [D6] **Teva Castel,** 101 R. Meir Dizengoff. Dieser Biosupermarkt bietet organische Lebensmittel, das Meiste kommt direkt aus Israel.

Tabak, Wein und Spirituosen

51 [D6] **Aperitif,** 93 R. Meir Dizengoff. Neben einer großen Auswahl an Weinen finden sich hier auch reichlich andere alkoholische Getränke wie Schaumweine, Schnäpse, Liköre u. a.

52 [C3] **Mendel Kosher Wine,** 200 R. Ben-Yehuda. Bei Mendel hat man sich auf eine überschaubare, aber professionelle Auswahl an israelischen, koscheren Weinen spezialisiert. Und dabei ist fachkundige Beratung (auch auf Deutsch) Ehrensache!

53 [C2] **Porto Vino,** Namal, Hangar 7. „This is a man's world" könnte das Motto dieses auf edle Rauchwaren und Weine, Whisk(e)ys und Champagner spezialisierten Geschäfts inmitten des alten Hafengebiets sein, denn v. a. Mannsbilder füllen hier den Zigarrensalon.

54 [F7] **Wine & More,** 25 R. Carlebach. Die eleganteste, aber auch hochpreisigste Vinothek der Stadt mit einer Vielzahl an internationalen Topweinen und ausgewählten Delikatessen.

55 [F7] **Wine Route – Shaked Brothers,** 93 R. HaHashmonaim. Ein umfassendes Angebot an ausgesuchten nationalen und ausländischen Weinen.

Tel Aviv für Genießer

Essen und Trinken

Schon lange ist die Metropole am Mittelmeer als Gastronomiehauptstadt des Nahen Ostens berühmt. Wer sich mit etwas Hunger auf den Weg macht, der findet wahrhaftig Köstliches und das erfreulicherweise nicht ausschließlich zu Höchstpreisen!

Tel Aviv verfügt über eine erstaunlich **vielfältige Lokalszene**, zu der eine große Anzahl an coolen, aber durchaus auch besinnlichen **Cafés** gehören, in denen man sich auf einen Cappuccino *(kafé hafuch)* oder am Wochenende zu einem ausgiebigen Brunch einfinden kann. Für ihre Gaumenfreuden auch über die Grenzen der Stadt bekannt sind aber in erster Linie die **Imbissstände** und die **Misada Mizrahit** genannten Restaurants, die die „Nationalgerichte" *Falafel, Shawarma, Hummus, Tahina* und häufig auch Schnitzel anbieten. Bei den *Misada Mizrahit* handelt es sich um bei Einheimischen und Fremden gleichermaßen populäre **Fastfoodlokale,** in denen es authentische Leckerbissen der lokalen Küche gibt. Zwar geht es dort meist recht unkompliziert und einfach zu und nicht alle diese Etablissements verfügen über Sitzgelegenheiten, doch diese Art des Schlemmens ist nun mal typisch israelisch.

Wem die Cafés zu gediegen und *Falafel* zu schwer sind, dem sei an dieser Stelle versichert, dass Tel Aviv weit mehr kann. Ganz besonders muss dabei das breite Angebot an **internationalen** Restaurants erwähnt werden, deren Betreiber in der Regel noch versuchen, eine ganz eigene Note in die jeweilige Landesküche einzubringen.

Essen zu gehen, bewegt sich in Tel Aviv **preislich** in etwa im gleichen Rahmen wie in mitteleuropäischen Städten. Wirklich günstig ist es aber nur bei den angesprochenen Imbissständen oder häufig zur Mittagszeit, denn dann werden hier und da **Mittagsmenüs** zu vernünftigen Fixpreisen angeboten. In allen Lokalen sollte man immer ein **Trinkgeld** – etwa 10 bis 15 % – geben, denn ansonsten bekundet man, dass der Service miserabel war und wird nicht selten darauf ganz direkt von der Bedienung angesprochen. Mittags haben die meisten Restaurants von 11 bis 15 Uhr und abends ab 19 Uhr bis meist spät in die Nacht **geöffnet.** Am Shabbat (s. S. 111) haben viele Lokale geschlossen.

Die Küche(n) Israels

Eine unabhängige, traditionelle israelische Küche hat es im Wortsinn eigentlich noch nie gegeben, denn was kann man in einem Einwanderungsland wie Israel schon als typisch bezeichnen? Die Spezialitäten sind in den meisten Fällen äußerst lebendige **Mischungen aus diversen kulinarischen Einflüssen** der verschiedenen Migranten. Die beliebtesten Gerichte entstammen aber der **sefardisch-orientalischen Küche**, also Einflüssen der Einwanderer aus Spanien, Grie-

▷ Das „Gold" Tel Avivs – das Kichererbsenpüree Hummus ist überall beliebt

chenland, der Türkei, Marokko, Tunesien, dem Jemen, dem Irak oder anderer orientalischer Länder.

Das namhafteste israelische Gericht sind ohne Zweifel **Falafel**, frittierte Bällchen aus pürierten Kichererbsen, Kräutern und Gewürzen, die v.a. mit *Tahina* (Sesamsoße) oder *Hummus* (einem kremigen Kichererbsenpüree mit Zitronensaft und etwas Knoblauch) und verschiedenen eingelegten oder gebratenen Gemüsen wie *Kruv Kavush* (eingelegter Kohl), Essiggurken, *Pilpel BaGril* (gegrillter Paprika) oder *Khatsilim Kvushim* (eingelegte Auberginen) und Pita, einem dünnen Fladenbrot, beliebt sind. Als Imbiss auf die Hand isst man Falafel in einer aufgeklappten Pita als Sandwich mit Salat und *Tchips* (Pommes Frites) oder den ursprünglich aus dem Irak stammenden, *Sabich* genannten, vegetarischen „Burger", bei dem in der Pita *Hummus, Khatsilim Metuganim* (gebratene Auberginen), ein geröstetes Ei sowie die köstliche Mangosoße *Amba* zusammen eine raffinierte Geschmackskombination ergeben.

Fans karnivorer Kost werden **Shawarma** lieben, das dem geschabten Fleisch vom Döner Kebab ähnelt (vorrangig von der Pute) und ebenfalls in der Pita serviert, z.B. mit der scharfen Chilisoße *Skhug*, beliebt ist. Ebenfalls nicht verpassen sollte man die *Shipudim* oder *Shishlikim* genannten Schaschlikspieße vom Grill, *Ktzitzot* (Hackfleischbällchen, gekocht oder vom Grill), gefüllte Hühnchen oder Tauben, Lammkoteletts oder Fisch (aus dem Mittelmeer, aber auch aus dem See Genezareth) und natürlich die traumhaften Schnitzel (meist aus Pute oder Hühnerfleisch), die von Emigranten aus Wien in die lokale Küche eingebracht wurden. Dazu sei zu sagen, dass man Spezialitäten der **aschkenasischen Küche**, also der Küche jüdischer Einwanderer aus Mittel- und Osteuropa, grundsätzlich nur selten in

061tv Abb.: ba

Restaurants in Tel Aviv kredenzt bekommt. Am ehesten findet man wohl Gefilte Fisch (kalter Fisch in geliertem Sud), gehackte Leber, *Kischke* (eine Art grobe Leberwurst), Borschtsch (eine kalte Suppe aus roten Rüben), Gulasch, *Tschulent* (Eintopf aus Fleisch, Bohnen, Kartoffeln usw.) und Piroggen (gefüllte Teigtaschen).

Ein echtes Potpourri praktisch aller Einflüsse ist hingegen das **israelische Frühstück**, bei dem Eier in den verschiedensten Zubereitungsarten (z.B. *Shakshuka* – gebratene Eier in Tomatensauce), frische Salate wie *Salat Tuna* (Thunfischsalat), *Salat Israeli* (Salat aus Tomaten, Paprika, Zwiebeln und Petersilie) oder *Madbucha* (marokkanischer Salat), *Malawach* (eine Art dicker, frittierter Pfannkuchen), *Dshachnun* (eine gebackene Teigrolle), zahlreiche Milchprodukte wie Frischkäse (Israelis lieben den locker-cremigen Hüttenkäse), Joghurt, Quark und natürlich frisches Obst beliebt sind.

Empfehlenswerte Lokale

Toplokale

Hier zahlt man meist kräftig, allerdings für gute Qualität, ordentliche Portionen und hervorragenden Service. Doch auch hier gibt es ab und zu Menüs zu Fixpreisen.

56 [D9] **Abraxas North** €€€, 40 R. Lilienblum, Tel. 03 5166660. Starkoch Eyal Shani ist bekannt für seine unkonventionellen, simplen, aber dennoch ungemein schmackhaften, mediterra-

012tv Abb.: dk

Shawarma, die örtliche Variante des Dönerkebab

KURZ & KNAPP

Koscher und Kaschrut

Gläubige Juden folgen den **Kaschrut** genannten **Speisegesetzen**, die klare Vorschriften für die Zubereitung und den Genuss von Speisen und Getränken geben und ihr Fundament in der Tora, den fünf Büchern Moses, haben. Folgende Aspekte sind für die Kaschrut grundlegend: Erstens wird zwischen für den Verzehr erlaubten (jiddisch: „koscher", hebräisch: כשר) und nicht erlaubten (jiddisch: *„nicht-koscher"* oder *„treife"*) Tieren unterschieden. Zweitens gibt es das Verbot des Blutgenusses, wonach das (koschere) Tier geschächtet werden muss, damit sein Blut möglichst vollständig herausfließt. Ebenso ist das (koschere) Fleisch vor der Zubereitung zu wässern, zu salzen und zu spülen, um das im Fleisch verbliebene Blut weitgehend zu minimieren. Drittens gibt es die Aufteilung in „fleischige" (*„basari"*), „milchige" (*„chalawi"*) und „neutrale" (*„parve"*) Lebensmittel. Trotz aller Regeln sind koschere Restaurants in Tel Aviv eher die Ausnahme.

nen Kreationen – Tomaten sind Trumpf. Die hohen Preise sind bei der Qualität des Essens durchaus gerechtfertigt. Die angeschlossene Bar ist seit vielen Jahren ein beliebter Nightlife-Spot (ab 20 Uhr). WLAN-Hotspot.

57 [E5] **Brasserie M&R** €€-€€€, 70 R. Ibn Gabirol, Tel. 03 6967111, www.coffee bar.co.il. Hier bekommt man eine herausragend gute französische Küche geboten. Ob Steak, Bœuf Bourguignon, Muscheln oder Zwiebelsuppe, die Brasserie M&R erfreut sich bei Einheimischen und Fremden größter Beliebtheit und das 24 Stunden jeden Tag. WLAN-Hotspot.

58 [D9] **Catit** €€€, 57 R. Nachalat Binyamin, Tel. 03 5665505, www.catit.co.il. Was Chefkoch Meir Adoni hier präsentiert, ist wirklich ganz großes „Gastro-Kino". Die vorrangig französisch inspirierten Gerichte sind ein Fest für die Sinne und können mit denen anderer international etablierter Gourmet-Tempel problemlos mithalten.

59 [B12] **Charcuterie** €€€, 3 R. Rabbi Hanina, Tel. 03 6828843. *Das* In-Lokal im Flohmarktviertel Jaffas. Empfehlenswert sind die diversen Fleischgerichte wie die Kalbsbacken, aber auch die Nudelkreationen sind einfach fantastisch.

60 [F9] **Coffee Bar** €€-€€€, 13 R. Yad HaRutzim, Tel. 03 6889696. Unter den vielen Restaurants in Tel Aviv sticht die Coffee Bar durch ihr unaufdringliches, freundliches Personal, die ausgezeichnete, italienisch inspirierte Küche und die verhältnismäßig moderaten Preise der Mittagsmenüs heraus. Freitags und samstags Reservierung erforderlich.

61 [B12] **Cordelia** €€-€€€, 30 R. Yefet., Tel. 03 5184668, www.cordelia.co.il. Eine bewährte Adresse der rustikal-authentischen französischen Küche, in das Besucher nicht nur aus ganz Israel kommen, um die köstlichen, aber häufig wechselnden Spezialitäten im eleganten Dekor zu probieren.

62 [C10] **Dallal** €€-€€€, 10 R. Shalom Shabazi, Tel. 03 5109292, www.dallal.co.il. Das Dallal ist mehr als ein orientalisches 08/15-Restaurant, es ist ein wahres Gastronomieerlebnis. Fleisch und Fisch sollten ganz oben auf der Wunschliste stehen und zur Einstimmung empfiehlt sich ein Aperitif an der prächtigen Bar.

63 [G7] **Messa** €€€, 19 R. Ha'Arba'a, Tel. 03 6856859, www.messa.co.il. Möglicherweise das weltweit einzige Fusion-Restaurant, in dem provenzalische und kurdische Einflüsse verschmelzen. Das Messa zählt zu den beliebtesten Restaurants der Stadt und die hohe Qualität der Speisen ist ihren Preis definitiv wert.

64 **Seatara** €€-€€€, Sea and Sun Beach, Tel. 03 6996633. Wenn es um das Panorama geht, können es nur wenige Lokale in Tel Aviv mit dem Seatara aufnehmen. Über der Bucht im Stadtteil Ramat Aviv mit Blick aufs dunkle Blau, ist dies der perfekte Ort für ein klassisches Candle-Light-Dinner. Die Küche bietet eine Mischung mediterraner Spezialitäten sowie eine reiche Auswahl an Cocktails. Am Wochenende sehr beliebt, daher unbedingt reservieren. WLAN-Hotspot.

65 [C4] **Shila** €€€, 182 R. Ben-Yehuda, Tel. 03 5221224. An der lebendigen Rehov Ben-Yehuda liegt dieses elegante Bistro mit seiner großen Fensterfront. Serviert wird gehobene mediterrane Küche – bloß nicht das Fischtatar verpassen! WLAN-Hotspot.

Preiskategorien

Angaben für ein Hauptgericht pro Person ohne Getränk:

€	bis 50 NIS (bis 10 €)
€€	50–125 NIS (10–25 €)
€€€	über 125 NIS (über 25 €)

66 [D8] **Tchernihovski 6** €€-€€€, 5 R. Tchernihovski, Tel. 03 6208729. In unmittelbarer Nähe des entspannenden Gan Meir Park befindet sich dieses nette, erfrischend unkonventionelle Bistro mit französischer Küche. Wer keinen Hunger hat, kann auch nur auf einen Kaffee einkehren. WLAN-Hotspot.

67 [C11] **Vicky Cristina** €€-€€€, HaTachana, Tel. 03 7367272. In Anlehnung an Woody Allens Film „Vicky Cristina Barcelona" bietet dieses wunderschöne Restaurant spanische Küche in Bestform. Inmitten des alten Bahnhofareals HaTachana 13 sitzt man hier im Wintergarten oder auf der Terrasse in einer Umgebung, die an Antoni Gaudís Parc Güell erinnert. Einfach *muy español, ¡olé!* WLAN-Hotspot.

013tv Abb.: dk

Israelisch-orientalische Küche

In den folgenden Etablissements wird man fündig, wenn es um israelisch-orientalische Spezialitäten gehen soll.

68 [E9] **Café Noir** €-€€, 43 R. Ahad Ha'am, Tel. 03 5663018. So ziemlich jedem Tel Avivi fällt zum Café Noir unweigerlich das Thema Schnitzel ein und tatsächlich gibt es hier in diesem, einem Bistro nachempfundenen Lokal zweifellos die besten der Stadt (vom Huhn, Kalb oder Schwein)!

69 [A13] **Container** €€, Namal Yafo, Tel. 03 6836321. Eines der beliebtesten Restaurants in Jaffa. Es befindet sich in einem ehemaligen Container direkt am Hafen und bietet neben wundervollen Drinks – am besten an der riesigen Bar einzunehmen – wunderbar leichte Gerichte, allen voran Fisch, auch in Form von saisonalen Spezialitäten von der Tageskarte. WLAN-Hotspot.

70 [C5] **Goocha** €-€€, 171 R. Meir Dizengoff, Tel. 03 5222886. Das Goocha ist in der ganzen Stadt wegen seiner wirklich außerordentlich deliziösen Fisch- und Meeresfrüchtegerichte bekannt. WLAN-Hotspot.

71 [F7] **Ha'Achim** €€, 12 R. Ibn Gabirol, Tel. 03 6917171. Die *Ha'Achim* (dt. Brüder) Yotam und Asaf kombinieren hier traditionelle israelische Küche – das Hauptaugenmerk sollte auf gegrilltem Fleisch liegen – mit einem Hang zum Exklusiven. Ein idealer Ort, um Typisches mit Pfiff in angenehmer Atmosphäre zu probieren.

72 [B12] **Haj Kahil** €€, 18 R. David Raziel, Tel. 03 6831239. Als authentischstes Restaurant Jaffas bezeichnet sich das Haj Kahil gerne selbst und die hier gebotene arabische Küche – als Vorspeise gibt es eine umfassende Salatauswahl – ist wirklich etwas Besonderes. Die ausgesprochene Spezialität ist übrigens die Lammschulter.

EXTRATIPP

Hedonisten bevorzugt!

Etwas speziell geht es bei Chefkoch Eyal Shani schon zu, denn in seinem *Salon* genannten **Showrestaurant** in einer alten Werkstatt dampft und brutzelt es in der offenen Küche direkt vor den Augen des Gastes. Verarbeitet werden nur frische Zutaten von Fisch über Fleisch bis zu allerlei Gemüse. Ab etwa 22 Uhr steigt dann die Lautstärke der Musik und das Lokal wird zum Inbegriff der gastronomisch inspirierten Lebensfreude. Wirklich großartig ist das am Tisch frisch geklopfte Carpaccio und wer nicht weiß, was er nehmen soll, macht mit dem Degustationsmenü nichts verkehrt.

81 Salon €€€, 8 Ma'avar Yabuk, Tel. 052 7035888, nur Mi und Do geöffnet

73 [C8] **HaMitbachon** €-€€, 18 R. Rabbi Akiba, Tel. 03 5163689. Highlights der orientalischen Küche und das in Hausmannskostqualität – ob für Hauptgerichte, Salate oder Suppen, ein Besuch im HaMitbachon macht mit großem oder kleinem Hunger Spaß.

74 HaZaken ve HaYam €, 83 R. Kedem, 036818699. Keine Frage, im HaZaken ve HaYam (Hebräisch für „der Alte (Mann) und das Meer") isst das Auge mit: einmal wegen der wunderschönen Lage des Lokals mit Blick aufs Meer und zweitens wegen der wirklich einzigartigen Fisch- und Meeresfrüchtegerichte. Eine Filiale findet sich im Namal Yafo 31.

75 [B10] **Manta Ray** €€€, Alma Beach, Tel. 03 5174773, www.mantaray.co.il. Dieses beliebte Restaurant, in dem man neben Fisch- und Meeresfrüchten wunderbar leichte Vorspeisen, frische Salate und ein beispiellos knuspriges Brot bekommt, befindet sich am Alma Beach. WLAN-Hotspot.

Ein kühles Goldstar-Bier, frischen Fisch und den Ausblick auf den Namal Yafo genießt man am besten im Container

76 [C10] **Suzanna** €-€€, 9 R. Shalom Shabazi, Tel. 03 5177580. In Neve Tsedek gelegen, bietet dieses fabelhafte Lokal mit seinem angenehm ruhigen Gastgarten eine entspannte Atmosphäre – das begeisterte Stammpublikum is(s)t nicht umsonst hier. Versäumen Sie nicht die berühmte *kibbeh soup* (Suppe mit Hackfleischbällchen). WLAN-Hotspot.

77 [F5] **Toto** €€-€€€, 4 R. Berkovich, Tel. 03 6935151. Bei Toto handelt es sich um ein äußerst populäres Restaurant im Osten der Innenstadt, in dem Chefkoch Yaron Shalev ausgezeichnete mediterrane Spezialitäten kredenzt.

78 [B2] **Yulia** €€, Namal, Hangar 2, Tel. 03 5469777. Eines der empfehlenswertesten Fischrestaurants der Stadt! Das Gros der Kundschaft kommt wegen der gegrillten Köstlichkeiten, aber auch der einzigartige Blick aufs Meer machen das Yulia zu einer Adresse, bei der man nichts falsch machen kann. WLAN-Hotspot.

In Tel Aviv kocht die Welt

Die einheimische Küche ist vielleicht nicht jedermanns Sache, daher hier ein paar Adressen von Lokalen, die einen geschmacklich weit weit weg vom „Gelobten Land" führen.

79 [D8] **Agadir** €€, 2 R. Nachalat Binyamin, Tel. 03 5104442. Bei Agadir handelt es sich um ein marokkanisch inspiriertes Lokal, das an eine exklusive VIP-Lounge erinnert. Neben nordafrikanischen Spezialitäten ist es wegen der sagenhaft guten Hamburger bekannt.

80 [C8] **Baba Yaga** €€, 12 R. HaYarkon, Tel. 03 5167305, www.babayaga.co.il. Bei Baba Yaga ist ein Rundumerlebnis sicher! Zu dem russischem Essen finden häufig Musik- und Kulturdarbietungen statt.

Tel Aviv für Genießer

EXTRATIPP

Lecker vegetarisch

Bei zu viel fisch- und fleischlastiger Kost mag einem der Sinn nach Fleischlosem stehen, was in Tel Aviv vollkommen unproblematisch ist, sind doch fast überall reichlich vegetarische Gerichte wie *Hummus, Salat Khatsilim* (Auberginensalat) oder *Falafel* im Angebot. Auch in den meisten Restaurants finden sich reichlich Salate und rein vegetarische Hauptspeisen. Besonders empfehlenswerte fleischlose Restaurants der Stadt sind z. B. das **HaMitbachon** (s. S. 27), das **Indira** (s. S. 29), das **24 Rupee** (s. S. 29) oder das **Meshek Barzilay** (s. S. 30). Organische Lebensmittel kauft man am besten bei **Teva Castel** (s. S. 21).

Lokale mit guter Aussicht

Wer mit Weitblick speisen möchte, dem seien das exklusive **Gourmetrestaurant 2C** €€€ (mediterran inspirierte Nouvelle Cuisine, Tel. 03 6081990) im 49. Stock des Azrieli Center 17 oder die Restaurants entlang der Strandpromenade Tayelet wie das **Manta Ray** (s. S. 27) und das **Seatara** (s. S. 25) oder Lokale im alten Hafen Namal wie das **Yulia** (s. S. 27) empfohlen.

82 [C3] **Benedict** €-€€, 171 R. Ben-Yehuda, Tel. 03 5440345. Das stylische Benedict ist einem amerikanischen *deli* nachempfunden und bietet sieben Tage die Woche, rund um die Uhr Frühstück in allen erdenklichen Variationen. WLAN-Hotspot.

83 [F9] **Cucina Tamar** €€, 10 R. HaTzfira, Tel. 03 6390407. Neben ausgewählten Weinen bekommt man im Cucina Tamar leckere Salate und Pasta, alle mit einem Hauch der Emilia-Romagna. Zum Lokal gehört auch ein Feinkostgeschäft mit Produkten aus Bella Italia.

84 [C2] **FU Sushi** €€€, 32 R. Yermiyahu, Tel. 03 6051000. Wer elegant japanisch speisen möchte, der macht hier nichts falsch. Wenn es um kreative Sushi und Sashimi geht, gilt das FU Sushi als beste Adresse in ganz Israel.

85 [E5] **Meat Bar** €€-€€€, 52 Sderot Chen, Tel. 03 6956276. Man kann die Meat Bar getrost als *das* Steak-Restaurant der Stadt bezeichnen, denn Premiumfleischiges kann wirklich niemand in Tel Aviv besser – egal ob Tenderloin-, Filet- oder T-Bone-Steak. Und sogar die Fritten schmecken hier einfach suchtverdächtig!

86 [C4] **Mel & Michelle** €€, 155 R. Ben-Yehuda, Tel. 03 529322. Der ideale Ort für einen romantischen Abend. Die Küche ist mediterran und die Weinauswahl exzellent.

87 [D10] **Nanuchka** €€-€€€, 30 R. Lilienblum, Tel. 03 5162254. Das georgische Restaurant, das auch eine Bar ist, stellt zweifelsohne eines der Erlebnis-highlights der Stadt dar. Zwar mögen die deftigen Gerichte nicht jedermanns Sache sein, doch das Ambiente – am späten Abend ist es so voll, dass auf der Bar getanzt wird – ist schlicht einmalig! WLAN-Hotspot.

88 [C8] **Pappa's**, 12 R. Hillel HaZaken, 03 5107373. Neben der leckeren italienischen Hausmannskost (Pasta und Pizza werden empfohlen) liebt man das Pappa's vor allem wegen seiner unkonventionellen, ja geradezu familiären Atmosphäre.

89 [A12] **Sardinia** €€, 6 Kikar Kedumim, Tel. 03 683221. Bei dem Sardinia handelt es sich um eine angenehm entspannte Trattoria im Herzen Jaffas. Ob auf einen leichten Snack oder ein ausgiebiges Mittags- oder Abendessen, bei Sardinia ist jeder willkommen.

90 [E12] **Shmulik Cohen** €€, 146 R. Herzl, Tel. 03 6810222, www.shmulik-cohen.co.il. In diesem Kleinod osteuropäisch-jüdscher Küche findet man sie noch, die Spezialitäten wie aus Omas Kochtopf: ob Gefilte Fisch, Kreplach oder *kischke*, es wird garantiert ein Erlebnis!

91 **Sushi Samba TLV** €€€, 27 R. HaBarzel, Tel. 03 6444345. Wo, wenn nicht in Tel Aviv, könnte man japanisch-brasilianische Fusion-Küche erwarten? Bei Sushi Samba kommen Fans von *worldfood* garantiert auf ihre Kosten.

EXTRATIPP

Ein Hauch von Indien

Für viele junge Israelis ist eine mehrmonatige Reise mit dem Rucksack direkt nach Abschluss des Militärdienstes – für Männer drei und für Frauen zwei Jahre – Pflicht. Ganz oben auf der Beliebtheitsskala dieser sogenannten *Masa' Tarmilaim* stehen Indien und Nepal. Kein Wunder, dass Typisches vom Subkontinent wie Yoga, Meditation, aber auch die stark gewürzten Currys eine rege Fangemeinde haben. In Tel Aviv gibt es mehrere Adressen, wo bei einer Thali – einer Platte mit verschiedenen vegetarischen Speisen – das Reiseflair wieder aufgefrischt werden kann.

98 [E11] **24 Rupee** €, 16 R. Shoken (im zweiten Stock), Tel. 03 6818066. Extrem entspannte Atmosphäre, man sitzt auf Bodenkissen, isst herrlich und träumt von der Ferne.

99 [E6] **Indira** €€, 4 Sderot Sha'ul HaMelekh, Tel. 03 6954437. Im Osten der Innenstadt befindet sich das beste indische Restaurant Tel Avivs. Ganz besonders empfehlenswert sind das *tandoori chicken*, das *butter chicken* sowie die diversen vegetarischen Currys!

92 [C6] **Thai House** €€, 8 R. Bograshov, Tel. 03 5178568. Wem es nach einem grünen Thai-Curry, einer scharfsauren Tomyam-Suppe oder einem fruchtigen Garnelensalat lüstet, der ist im Thai House goldrichtig.

93 [D9] **Vong** €€, 15 Sderot Rothschild, Tel. 03 6337171, www.vong.co.il. Mitten auf der Sderot Rothschild befindet sich dieses grandiose vietnamesische Restaurant. Empfohlen werden die Rindfleischsuppe Pho oder die fantastisch frischen Sommerrollen!

94 [H7] **Zepra** €€-€€€, 96 R. Yigal Alon, Tel. 03 6916294. Spezialitäten aus Asien mit einem Hang zur Fusion-Küche gibt es in diesem modern gestylten Lokal. Ins Zepra verschlägt es wegen der hervorragenden Küche gleichermaßen in- wie ausländische Stäbchenfetischisten.

Der Snack für zwischendurch

Tel Aviv verfügt auch über unzählige Lokale, in denen man schnell den kleinen Hunger stillen kann.

95 [C8] **Banin Jonny,** 4 R. Tchernihovski. Man kann sich streiten, wo es das beste Hummus und die besten Falafel der Stadt gibt, doch bei Banin Jonny ist man sicherlich ganz vorne dabei, wenn es um die Top-Ten-Liste geht. Nebenan gibt es außerdem großartige Sabich-Sandwiches.

96 [E6] **Frank's,** 23 R. Ibn Gabirol. An dieser Imbissstube gibt es sagenhaft gute Hotdogs und allerlei Würstchen, die sich auch bei Nachteulen größter Beliebtheit erfreuen, denn man kann hier bis in die frühen Morgenstunden essen. Filialen gibt es an mehreren Stellen in der Stadt.

97 [D6] **HaKosem,** 1 Shlomo HaMelekh, Tel. 03 5252033. Perfekt für einen kleinen Snack, zum Beispiel auf dem Rückweg vom oder dem Weg zum Strand. Hier gibt es köstliche Falafel und auch gute Sandwiches, Salate und vieles mehr.

100 [E6] **HaVitrina,** 54 R. Ibn Gabirol. Weltklasseburger, Hotdogs aus einer breiten Auswahl an Würstchen und die vielleicht besten Pommes der Stadt (mit darüber geraspelter Zitronenschale), gibt es in diesem kleinen, aber immer vollen Laden.

101 [D9] **Meshek Barzilay,** 6 R. Ahad Ha'am, Tel. 03 5166329. Ein Café mit ausschließlich vegetarischen und veganen Gerichten inmitten des Stadtteils Neve Tsedek. Auch ideal für Personen mit Milchallergie oder Laktoseintoleranz.

102 [F7] **Ruben,** 112 R. Yehuda Halevi. Diese kultige Feinkosthandlung kredenzt in New Yorker Manier Pastrami-Sandwiches mit Roastbeef und anderen Fleischwaren, Sauerkraut, Gurken und eben all dem, was sonst im Big Apple gerade angesagt ist. Und dazu? Gösser Bier aus der Steiermark!

103 [D9] **Tony Vespa,** 118 R. Allenby, Tel. 03 546000. An dieser Imbissbude gibt es ausgesprochen knusprig-schmackhafte Pizza auf die Hand.

Cafés und Eiscafés

Einen guten Kaffee zu bekommen, stellt in Tel Aviv kein Problem dar, denn die Tel Avivim sind echte Fans von koffeinhaltigen Pausen. Sie legen dabei übrigens Wert auf Qualität, nicht umsonst mussten einige internationa-

EXTRATIPP

Bereit für die Mitz-Wahl?

Man muss in Tel Aviv selten weit gehen, um ein Geschäft zu finden, das üppig mit frischem Obst ausstaffiert oder behängt ist. Es handelt sich dabei um **Saftbars,** denn die Israelis sind verrückt nach ihren Vitamindrinks. Wer einen frisch gepressten Saft (auf Hebräisch „Mitz" genannt) möchte, hat nur die Qual der Wahl, aus welchen Obstsorten dieser bestehen soll. Wie wäre es mit „Mitz Tapusim" (Orangensaft), „Mitz Eshkoliyot" (Grapefruitsaft), „Mitz Banana" (Bananensaft), „Mitz Ananas" (Ananassaft), „Mitz Rimonim" (Granatapfelsaft) etc.?

014tv Abb.: dk

le Fast-Coffee-Ketten aufgrund von ausbleibender Kundschaft ihre Outlets in Israel kurzerhand wieder schließen! Praktisch überall gibt es gemütliche Cafés, die meist auch Süßes, Croissants, Brioches und manchmal Sandwiches anbieten. Hier eine kleine Auswahl:

- 104 [C10] **Anita Ice Cream,** 42 R. Shalom Shabazi, Tel. 03 5170505. Einfach verführerisch geht es in diesem, einer italienischen Gelateria nachempfundenen Eissalon zu. Wunderbar ist die Auswahl an frisch zubereiteten Sorbets, und wem die Schlangen zu lang sind, der kann sich auch zur Filiale in der Rehov Florentin Nr. 3 begeben.
- 105 [C3] **Café Michal** @@, 230 R. Meir Dizengoff, Tel. 03 5230236. Dieses kleine Café könnte sich durchaus auch in Wien oder Paris befinden, strahlt es doch die Atmosphäre aus, die man sonst nur in Mitteleuropa vermutet. Neben Kaffee bekommt man kleine Snacks und diverse Süßspeisen – darunter eine gute Kuchenauswahl.
- 106 [B12] **Fleamarket** @@, 8 Rabi Yohanan, Tel. 03 6202262. Im lebendigsten Teil Jaffas liegt dieses große Café, in dem man auch hervorragend essen kann. Neben der originellen Einrichtung lieben die Tel Avivim es auch wegen seiner entspannten Atmosphäre.
- 107 [B1] **Gilly's** @@, Namal, Hangar 25, Tel. 03 6057777. Schlicht und einfach, ja geradezu minimalistisch präsentiert sich Gilly's, ein Zwischending aus Café und Restaurant, das sich im ehemaligen Hafenareal befindet. Speziell zum Frühstück oder Brunch (allerdings nicht ganz billig) empfohlen.
- 108 [E4] **Hemda** @@, 109 R. Ibn Gabirol, Tel. 074 7024664. Außer wegen des Kaffees kommen die Gäste wohl vor allem wegen der fantastischen Kreationen aus der hauseigenen Konditorei. Aber auch das Frühstück – hier gibt es das vielleicht beste *Shakshuka* (gebratene Eier in Tomatensoße) – ist beliebt.

WLAN-Hotspots
Lokalitäten mit WLAN-Hotspots sind hier mit „@@" gekennzeichnet.

- 109 [D9] **Iceberg,** 31 Sderot Rothschild, Tel. 03 5225025. Bei einem Spaziergang zum Strand gehört ein Besuch bei Iceberg einfach dazu. Besonders lecker sind die klassischen Sorten wie Erdbeere, Vanille, Zitrone oder Schokolade. Filialen gibt es übrigens auch an vielen anderen Orten der Stadt.
- 110 [C2] **Idelson 10** @@, 252 R. Ben-Yehuda, Tel. 03 5444154. Ein Klassiker unter den Patisserie-Cafés! Ob zum Auftanken für Koffeinfreunde oder um bei einem Stück Cremeschnitte mal ganz entspannt die Diät zu vergessen, Idelson 10 ist einen Besuch wert!
- 111 [C2] **Jeremiah** @@, 306 R. Meir Dizengoff, Tel. 077 7931840. Das Jeremiah ist der ideale Ort, um ganz relaxt Tel Aviv für ein paar Stunden Tel Aviv sein zu lassen, z. B. bei einer Tasse Espresso, einem Brunch, orientalischen Appetithäppchen oder oben auf der Galerie bei einer Runde PlayStation.
- 112 [D3] **Lulu Café Pâtisserie,** 5 R. Elkally, Tel. 03 6020805. Unweit des schicken Kikar Basel die vielleicht angenehmste Adresse für Kaffee und delikate Süßspeisen. Das Lulu empfiehlt sich auch zum Frühstücken oder auf einen leichten Mittagssnack.
- 113 [C6] **Mersand** @@, 70 R. Ben-Yehuda, Tel. 03 5234318. Das traumhaft entspannende Mersand ist ein „alter Hase" unter den Cafés der Stadt. Besonders unter deutschsprachigen Einwanderern beliebt.
- 114 [C10] **Savta Ice Cream,** 9 R. Yehieli, Tel. 03 5105545. Savta heißt „Großmut-

ter" auf Hebräisch und irgendwie fühlt man sich in diesem Eissalon tatsächlich, als ob einen die eigene Oma mit süßen Leckerbissen verwöhnen würde.

115 [D7] **Sonya Getzel Shapira** @@, 1 R. Simta Almonit, Tel. 077 5261234. Dieses Café nahe dem wuseligen Bezalel-Markt ist bei Alt und Jung beliebt. Man kommt auf einen Cappuccino und etwas Süßes oder auf einen Sandwich, ein *Shakshuka*, einen frischen Salat und genießt alles am besten im Innenhof.

116 [C4] **Nola** @@, 197 R. Dizengoff, Tel. 03 5230527. Die meisten Besucher schätzen das Nola wegen seines wirklich einmalig guten Angebots an amerikanischem Frühstück. Doch auch ein kurzer Stopp, z. B. auf einen Espresso, zahlt sich aus.

117 [D3] **Vaniglia,** 22 R. Ashtori HaParchi, Tel. 03 6020185. Die vielleicht besten Eisdielen der Stadt (Filialen gibt es über ganz Tel Aviv verteilt) bieten unzählige Kreationen an Eissorten und Sorbets. Es lohnt sich, nach Empfehlungen zu fragen.

Smoker's Guide

In Israel gilt ein generelles **Rauchverbot** in allen geschlossenen Räumen, in denen Getränke und Speisen serviert werden, also auch in Discos, Klubs und praktisch allen öffentlich zugänglichen Gebäuden. Gaststätten und Kneipen, die eine Ausnahmeregelung, bzw. einen vollständig abgetrennten Nebenraum für Raucher haben, sind rar, doch nehmen es viele Raucher, gerade zu später Stunde, mit dem Verbot nicht so eng und Kontrollen von Seiten der Ordnungshüter sind selten. Eine echte Raucheradresse – vornehmlich für Zigarrenfans – ist das **Porto Vino** (s. S. 21).

Tel Aviv am Abend

Schick-groovige Bars und Kneipen sind in Tel Aviv keine Mangelware und es gibt auch eine äußerst lebendige Klub- und Discoszene. Man findet hier sowohl hochklassige Elektrotanztempel, als auch alternativere Locations oder Klubs mit Livemusik. Die Gegenden mit den kürzesten Nächten sind **Namal** 23, der alte Hafen, und die ehemalige Industriegegend **Yad HaRutzim** im Osten der Stadt, aber auch im Viertel **Florentin** 15 sowie in der **Rehov Lilienblum** [D9/10] dröhnen bis frühmorgens die Bässe.

Die im Folgenden angegebenen Schließungszeiten sind nur als Orientierung zu sehen, denn meist ist so lange auf, wie Gäste da sind – das gilt sogar am heiligen Shabbat, an dem das restliche Israel weitestgehend stillsteht.

Bars und Kneipen

118 [D10] **Aria,** 66 R. Nachalat Binyamin, Tel. 03 5296054, tgl. 19–6 Uhr. Bei Aria handelt es sich um ein Restaurant, aber eben auch um eine angesagte Adresse der Nightlife-Szene. Es zeichnet sich dadurch aus, dass das Publikum gemischt und das gebotene Programm sehr abwechslungsreich ist. WLAN-Hotspot.

119 [E8] **Armadillo,** 51 R. Ahad Ha'am, Tel. 03 6205503, tägl. 20–3 Uhr. Hier gibt es neben frisch gezapftem Bier ein hervorragendes Angebot an Fingerfood. Kein Wunder, dass das Armadillo immer proppevoll ist. WLAN-Hotspot.

Hunger nach der Disco? Viele Imbissbuden und Burgerbars haben 24 Stunden lang geöffnet.

120 [D11] **Bugsy,** 26 R. Florentin, Tel. 03 6813138, tägl. 10 bis 2 Uhr. Seit ein paar Jahren gehört das Bugsy zu den meist frequentierten Adressen der *bourgeois bohemians* hier im Künstlerviertel Florentin. Untertags ein ganz normales Café, abends dagegen eine lebendige Bar. WLAN-Hotspot.

121 [E7] **Peacock,** 14 R. Marmorek, Tel. 03 6868259, tägl. 19 bis 4 Uhr. Eine der gemütlichsten Bars Tel Avivs, die gerade wegen ihrer angenehm relaxten Atmosphäre beliebt ist. Neben einer reichen Getränkeauswahl bekommt man auch kleine Speisen. WLAN-Hotspot.

122 [E9] **Radio E.P.G.B.,** 7 R. Shadal, Tel. 03 5603636, www.radioepgb.com, tgl. 21 bis 6 Uhr. Seit einigen Jahren gehört das Radio E.P.G.B. zu den meist frequentierten Adressen der Tel Aviver Nightlife-Szene. Neben der „funkigen" Bar locken hier vor allem Live-DJs (Indie und Electronic). WLAN-Hotspot.

123 [C8] **Salon Berlin Bar,** 15 R. Yisrael Naiara, Tel. 03 5102126, tägl. 20–5 Uhr. Nein, die Salon Berlin Bar ist kein Treffpunkt teutonischer Touristen! Diese chillige Bar im Stil der 1960er- und 1970er-Jahre bietet tolle Cocktails sowie gute Stimmung. Und der Name? Nun, Berlin steht in Tel Aviv synonym für Fun und Party.

Gastro- und Nightlife-Areale

Bläulich hervorgehobene Bereiche in den Karten kennzeichnen Gebiete mit einem dichten Angebot an Restaurants, Bars, Klubs, Discos etc.

124 [B12] **Shaffa Bar,** 2 R. Nachman, Tel. 03 6811205, tägl. 19 bis 4 Uhr. Shaffa ist den meisten Tel Avivim als Frisör bekannt, doch haben die Betreiber zusätzlich zu dem Salon diese Bar schräg gegenüber eröffnet. Zu später Stunde werden die ganze Kneipe und die Gasse davor zur *dancing zone.* WLAN-Hotspot.

125 [C8] **The Minzar,** Hilel Zaken/Ecke Gedera, Tel. 03 5173015, tgl. 20 bis 4 Uhr. Urige Kneipe, die gerade durch ihr unaufdringliches Ambiente und die wunderbaren Drinks besticht. WLAN-Hotspot.

126 [D6] **Wine Bar Boutique,** 83 R. HaMelekh George V., Tel. 03 5259911, Sa–Do 19 bis 2 Uhr. Die vielleicht bestsortierte Weinbar der Stadt mit über 90 verschiedenen „Traubensäften" im Angebot. Dazu gibt es auch eine bemerkenswerte Auswahl an kleinen Speisen.

015tv Abb.: dk

Livemusik, Klubs und Discos

Wem nach Livemusik oder dem Schwingen des Tanzbeins ist, der sollte der einen oder anderen Adresse der folgenden Liste einen Besuch abstatten. Die Eintrittspreise bewegen sich zwischen 50 und 100 NIS, gerade in den großen Klubs sind die Getränkepreise aber meist happig. Die meisten Locations öffnen um Mitternacht, doch vor zwei Uhr morgens läuft man sich gerade erst warm.

127 [D9] **Breakfast Club Milk,** 6 Sderot Rothschild, Tel. 054 7777997, http://breakfast-milk.com, tägl. 23 bis 6 Uhr. Wer auf House und Techno steht, kann im Breakfast Club definitiv nichts falsch machen. International renommierte DJs versetzen hier allabendlich die Massen in Extase.

128 [D9] **Pasáž,** 94 R. Allenby, Tel. 077 3323118, tgl. 20 bis 6 Uhr. Top-Nightspot mit erstaunlich abwechslungsreichem Programm, einer gut sortierten Bar und einem Musikangebot, das von R'n'B bis zu Elektroklängen reicht. Und wen der Hunger ereilt, der bekommt hier sogar japanische Snacks.

129 [D11] **HaOman 17,** 88 R. Abarbanel, Tel. 03 6813636, Do–Sa 22 bis 6 Uhr. Das HaOman 17 begann seine Erfolgsstory in Jerusalem und gilt seit einigen Jahren auch in Tel Aviv als die angesagteste und – aufgrund des kultigen Interieurs – sicherlich auch sehenswerteste Diskothek. Vorwiegend junges Publikum (18–25 Jahre), der musikalische Schwerpunkt ist House und Elektronik, geprägt von den hier auftretenden Star-DJs aus aller Welt.

130 [E9] **Levontin 7,** 7 R. Levontin, Tel. 03 5605084, www.levontin7.com, tgl. 15 bis 6 Uhr. In dieser Café-Bar – im EG ist normaler Kneipenbetrieb mit kleinen Snacks – geht musikalisch im Keller allabendlich gewaltig die Post ab, und zwar bei Livemusik namhafter israelischer Künstler praktisch aller Musikstile.

131 [D9] **Lima Lima,** 42 R. Lilenblum, Tel. 03 5600924. Ein Klub mit vorrangig Black Music wie Soul, Rap und Hip-Hop. Auch unter Homosexuellen beliebt, speziell montags bei der The Notorious G.A.Y. Party.

132 [D9] **Rothschild 12,** 12 Sderot Rothschild, Tel. 03 5106430, www.rothschild12.com, tägl. 19 bis 3 Uhr. Das leicht alternativ wirkende Rothschild 12 ist seit Langem ein bewährtes Zugpferd der Nightlife-Szene Tel Avivs. Neben Bar- und Café-Betrieb gibt es hier fast jeden Tag Konzerte lokaler Bands oder DJs.

133 [C11] **Saloona,** 17 R. Tirza, Tel. 03 5181719, tgl. 21 bis 6 Uhr. In dieser Lounge-Bar im In-Viertel Noga legen international renommierte DJs auf und es gibt häufig Auftritte von Livebands. Ein erlebenswerter Allrounder der Tel Aviver Nightlife-Szene und besonders bei jungem Publikum beliebt.

EXTRATIPP

Für den späten Hunger

Nach einem Klubbesuch ist es in Tel Aviv nicht besonders schwierig, auch noch in angenehmer Umgebung etwas zum Essen aufzutreiben. Bekannte **24/7-Lokale** sind z. B. das **Benedict** (s. S. 28) oder die **Brasserie M&R** (s. S. 25). Doch auch sonst muss man kaum länger als ein paar Hundert Meter laufen, um auch spätnachts einen offenen Hotdog- oder Falafelstand zu finden.

Wer nur noch einen „Betthupferl-Drink" mit ins Hotel nehmen möchte, wird sicherlich in den allgegenwärtigen **AM:PM-Supermärkten** fündig, denn auch sie sind rund um die Uhr geöffnet.

EXTRATIPP

Alleine in Tel Aviv?

Kein Problem! Die Tel Avivim sind in der Regel äußerst redselig und scheuen sich nicht, mit Fremden ins Gespräch zu kommen. Zwar brauchen Freundschaften hier etwas Zeit – die Israelis bezeichnen sich gerne als *Sabra* („Kaktusfeige"), außen stachlig, dafür innen saftig und süß –, doch wenn man sich erstmal besser kennt, steht echter Freundschaft nichts mehr im Weg. So ziemlich alle **Pubs und Kneipen** im Namal 23 und entlang der Rehov Meir Dizengoff 2, der Rehov HaMelekh George V. 4 oder der Rehov Ibn Gabirol 20, aber auch die Lokale in den Innvierteln wie Neve Tsedek 12 oder Florentin 15 eignen sich bestens, um alleine einen Drink zu heben und dabei vielleicht mit „echten Eingeborenen" ins Gespräch zu kommen. Nur Mut!

134 [C1] **Shablul Jazz Club,** Namal, Hangar 13, Tel. 03 5461891, tgl. 21 bis 6 Uhr. Heißer Jazz, Worldmusic und v. a. lateinamerikanische Rhythmen – meist in Form von Livemusik – machen das Shablul zu einer angesagten Adresse für alle Fernwehgeplagten.

135 [F11] **The Block,** 157 Derech Shalma (Salame), Tel. 052 5460129, www.block-club.com, tägl. 22 bis 6 Uhr. Einer der derzeit coolsten Klubs der Stadt mit abwechslungreichen, oftmals retrolastigen Parties und einem buntgemischten Publikum.

136 [F7] **The Cat & The Dog,** 23 R. Carlebach, tägl. 22 bis 6 Uhr. Seit einigen Jahren ist das The Cat & The Dog – eine unterirdische Bar-Diskothek – die vielleicht „groovigste" Clubbing-Adresse Tel Avivs. Internationale DJs (House, Elektro etc.), schickes Interieur und eine umfassende Getränkeauswahl.

137 [B1] **Tipsy,** Namal, Hangar 23, Tel. 052 8616611, tägl. 21 bis 6 Uhr. Einer der namhaftesten Klubs Tel Avivs, direkt am Hafen gelegen, mit legendären Sommer-Partys – und das ganzjährig! Musikalisch überwiegen Mainstream-Klänge und Elektrokmusik, dabei aber in der Regel von international renommierten DJs.

138 **Zappa Club,** 24 R. Raoul Wallenberg, Tel. 03 7626666, www.zappa-club.co.il, je nach Programm ab 21 Uhr. Im fast intim kleinen Zappa Club im etwas entfernt liegenden Ramat Chayal (per Taxi zu erreichen) treten israelische und internationale Künstler von Weltklasse auf. Erlebenswert!

Theater, Kino, Tanz und Konzerte

Tel Aviv ist fraglos die Kulturhauptstadt Israels und lockt musik-, schauspiel- und tanzinteressierte Besucher aus dem ganzen Land und aus aller Welt an. Es gibt ein gewaltiges Angebot an Theatern und Konzertsälen mit einem entsprechend breit gefächerten Programm von klassisch bis modern, von Mainstream- und bis zu geradezu revolutionären Stücken.

Kino

139 [F7] **Cinematheque,** 2 R. Shprinzak, Tel. 03 6060800, www.cinema.co.il. Tel Avivs Cineastentreff zeigt nicht nur Mainstream-Filme, sondern auch Streifen für Fans des Independent-Kinos und das häufig im Rahmen themenorientierter Filmfestivals.

140 [D6] **Rav-Hen Kino,** Kikar Dizengoff Ben Ami 16, www.rav-hen.co.il, Tel. 03 5282288, So–Do ab 16 Uhr, Fr ab 18.30, Sa ab 10 Uhr. Großes Multiplexkino am zentralen Dizengoff-Platz 1, in dem auch Filme auf Englisch auf dem Programm stehen.

016tv Abb.: dk

Theater

141 [D6] **Beit Lessin,** 101 R. Meir Dizengoff, Tel. 03 7255333, www.lessin.co.il. Das Beit Lessin ist Tel Avivs beliebtestes Kammertheater mit unkonventionellen, oft politisch inspirierten Stücken auf Hebräisch und ab und zu auf Englisch.

142 [E7] **HaBimah National Theatre of Israel,** 19 Kikar HaBimah, Info-Tel. 03 6295555, Kasse Tel. 03 5266666, www.habima.co.il. Das 1935 errichtete Stammhaus des staatlichen israelischen Schauspielensembles hat vor allem klassische Stücke auf Hebräisch auf dem Programm, dabei aber häufig mit elektronischer Simultanübersetzung (per Videotafel) ins Englische. Altmodisch oder öde sind die Inszenierungen übrigens nicht, sie strotzen im Gegenteil meist vor Unkonventionalität. Gegründet wurde das Theater bereits 1917 in Moskau, bevor es 1928 nach Tel Aviv umgezogen ist.

143 [C11] **HaGesher Theatre,** 9 Sderot Yerushalayim, Tel. 03 6843131, www.gesher-theatre.co.il. Diese vor wenigen Jahren neu gegründete Bühne hat klassische und moderne Stücke auf Russisch und Hebräisch im Programm.

144 [B12] **Jaffa Theatre,** 10 R. Mifratz Shlomo, Tel. 03 5185563, www.arab-hebrew-theatre.org.il. Im Zuge der Völkerverständigung werden im Jaffa Theatre Stücke sowohl in arabischer als auch in hebräischer Sprache aufgeführt. Ein Besuch kann aber durchaus auch interessant sein, wenn man keiner der beiden Sprachen mächtig ist.

145 [A12] **Mayumana,** 15 R. Louis Pasteur, Tel. 03 6811787, www.mayumana.co.il. Israels Antwort auf das Tanztheater „Stomp". Nicht nur bei Einheimischen sehr beliebt, daher unbedingt frühzeitig Karten reservieren.

146 [A12] **Nalaga'at Center,** Retsif Ha'aliya HaShniya, Box 6, Namal Yafo, Tel. 03 6330808, www.nalagaat.org.il. In diesem Kulturzentrum finden wahrlich ausgefallene Aufführungen statt, denn die Schauspieler sind allesamt blind und taub. Und der Applaus? Der wird durch Schulterklopfen weitergegeben. Zum Nalaga'at Center gehören auch ein Café und ein Restaurant, in denen man im Dunkeln speist und trinkt. Sehr erlebenswert!

147 [F6] **The Cameri Theatre,** 19 Sderot Sha'ul HaMelekh, Tel. 03 6060960 und 03 6060900, www.cameri.co.il. Das zweite große Theater Tel Avivs, in dem neben Klassikern vor allem zeitgenössische und experimentelle Stücke, aber auch Kabarett und Musicals – allesamt auf Hebräisch – aufgeführt werden. Auch

hier finden oft Simultanübersetzungen ins Englische statt.

148 [E6] **Tzavta,** 30 R. Ibn Gabirol, Tel. 03 6950166, www.tzavta.co.il. Dieses kleine Theater hat sich auf oftmals zeitgenössische, satirische bzw. gesellschaftskritische Stücke (v. a. auf Hebräisch) spezialisiert.

149 [E6] **Zoa Theatre,** 26 R. Ibn Gabirol, Tel. 03 6916012. Schwerpunkt sind hier zeitgenössische Stücke auf Hebräisch, doch im Zoa gastiert auch häufig das Yiddishpiel-Ensemble mit Aufführungen in jiddischer Sprache. Informationen unter www.yiddishpiel.co.il.

Musik und Tanz

150 [D7] **Felicja Blumental Music Center and Library,** 26 R. Bialik, Tel. 03 5250499, www.fbmc.co.il. Das Felicja Blumental Center ist eine Art Begegnungsstätte für Musikliebhaber mit einer umfassenden Sammlung an Instrumenten, CDs, Noten und Büchern zum Thema. Häufig finden im kleinen Konzertsaal Kammermusikabende statt (Infos unter www.blumentalfestival.com).

151 [E7] **Frederic Mann Auditorium,** 11 R. Meir Dizengoff, Tel. 1700703030 oder 036211777, www.ipo.co.il. Unmittelbar neben dem HaBimah National Theatre befindet sich das Frederic Mann Auditorium, eines der führenden Konzerthäuser der Welt. Das Stammhaus des Israel Philharmonic Orchestra ist einer der traditionsreichsten Aufführungsorte für klassische Musik. Die Konzerte finden entweder im 3000 Zuhörer fassenden Konzertsaal oder im Hangar 11, im Namal 23, statt.

152 [C10] **Suzanne Dellal Centre,** 5 R. Yechiely, Tel. 03 5105657 oder 035105656 (für Reservierungen), www.suzannedellal.org.il. Bei Suzanne Dellal stehen Musik, Ballett und speziell (moderner) Tanz auf dem Programm, denn das Haus ist die Heimstätte der international bekannten Batsheva Dance Company und der besonders in Israel sehr populären Inbal Pinto & Avshalom Pollak Dance Company.

153 [F6] **The Israeli Opera,** 19 Sderot Sha'ul HaMelekh, Tel. 03 6927777, www.israel-opera.co.il. Auch die ruhmreiche Israelische Staatsoper, die sich wie das The Cameri Theatre auf dem Areal des **Tel Aviv Performing Arts Center** befindet, ist im internationalen Vergleich ganz vorne dabei. Vorrangig konservative Interpretationen klassischer Opern, obwohl auch Operetten und Ballett auf dem Programm stehen und das bei durchwegs brillanter Besetzung.

EXTRATIPP

Programm und Tickets

Ein umfassender Überblick über das aktuelle **Programm** findet sich in der **Jerusalem Post** oder der Stadtzeitschrift **Time Out** (s. S. 108). **Tickets** können direkt bei den jeweiligen Etablissements gekauft werden (meist auch online oder telefonisch mit Kreditkarte) oder unter www.bravotickets.co.il bzw. www.leaan.co.il (Tel. 03 5247373).

Eindrucksvoll – ein Detail der Fassade der Israeli Opera

Tel Aviv für Kunst- und Museumsfreunde

Museen

Wer sich im weitesten Sinne für Kunst interessiert, kommt in Tel Aviv sicher auf seine Kosten. Mit einer beachtlichen Anzahl an Museen ist die Stadt ihrem Ruf als reine Party- und Strandmetropole weit voraus! Ganz besonders stilvoll präsentieren sich die Ausstellungshäuser jedes Jahr Ende Juni oder Anfang Juli, wenn sie während der **White Night** (s. S. 47) die ganze Nacht geöffnet haben.

Museen, die mit einer magentafarbenen Nummer (26) als Hauptsehenswürdigkeit ausgewiesen sind, werden im Kapitel „Tel Aviv entdecken“ ausführlich beschrieben. Dort finden sich auch alle praktischen Informationen wie Adresse, Öffnungszeiten usw.

Von vielen verehrt: David Ben-Gurion, der erste Premierminister

017tv Abb.: dk

154 [C7] **Beit Ha'ir,** 27 R. Bialik, Tel. 03 7240311, www.beithair.org, Mo–Do 9–17, Fr, Sa 10–14 Uhr, Eintritt: 20 NIS, ermäßigt 10 NIS. Im ehemaligen Rathaus befinden sich mehrere Ausstellungen zur Geschichte Tel Avivs, darunter sowohl eine aufschlussreiche Fotoausstellung als auch ein Rückblick auf die Entwicklung der Stadt unter ihrem ersten Bürgermeister Meir Dizengoff (1861–1936).

26 **Beit HaTfutsot.** Das Beit HaTfutsot widmet sich der jüdischen Diaspora, sprich der Historie sowie den Gebräuchen und Traditionen der einzelnen jüdischen Gemeinden in aller Welt im Laufe der Jahrhunderte. Es handelt sich wohl um eines der sehenswertesten Museen ganz Israels, denn hier bekommt der Besucher eine gelungene Einführung in 4000 Jahre jüdischer Geschichte und Einblick in die Beweggründe zu einer Rückkehr ins „Gelobte Land“.

22 [C5] **Ben-Gurion House.** Im Haus David Ben-Gurions, des ersten Premierministers und einem der Gründer der sozialdemokratischen Arbeitspartei Israels, bekommt man eine interessante Einführung in dessen Leben und Schaffen. Zu sehen sind u. a. Erinnerungsstücke wie Briefe von Kennedy, Churchill und anderen Politikgrößen als auch Ben-Gurions private Bibliothek mit ca. 20.000 Titeln.

155 [C7] **Bialik House,** 22 R. Bialik, Tel. 03 5254530, So–Do 9–17, Fr, Sa 10–12 Uhr, Eintritt 20 NIS, ermäßigt 10 NIS. Ein Besuch im ehemaligen Wohnhaus Chaim Nachman Bialiks (1873–1934), des namhaftesten Dichters Israels, lohnt nicht nur für Fans, denn hier kann man auch die Wohnkultur der 1920er- und 1930er-Jahre in Tel Aviv nachvollziehen. Die Wohngegend ist typisch für damals bessergestellte Kreise.

Moderner Tanz in Israel

Israel ist weltweit eines der lebendigsten und kreativsten Zentren des modernen Tanzes und Tel Aviv stellt definitiv den Nabel dieser Szene dar. Der zeitgenössische Tanz wird durch eine ***Mischung aus israelischen Volkstänzen*** *– d.h. Tänze verschiedener Einwanderergruppen – und zeitgemäßer* ***europäischer Tanztraditionen*** *charakterisiert.*

Als Pionier des „modern dance" in Israel gilt die aus Wien stammende ***Gertrud Kraus*** *(1901–1977), die 1935 nach Tel Aviv kam und hier ein Tanzensemble gründete, das bald Teil der Tel Aviv Folk Opera wurde. 1950/1951 gründete sie das* ***Israel Ballet Theatre,*** *das sich über die folgenden Jahre zu einer Institution dieses ganz eigenen Stils entwickeln sollte. Ihm folgten weitere Tanzensembles wie die* ***Batsheva Dance Company,*** *die im Jahr 1964 von Martha Graham und Baroness Batsheva De Rothschild gegründet wurde und deren Ballerinas Rina Schoenfeld und Rena Gluck international Furore machten.*

Namhaft ist auch das ***Inbal Dance Theatre,*** *das sich auf die Tänze der diversen ethnischen Gruppen in Israel, unter ihnen die der jemenitischen, marokkanischen, iranischen und kurdischen Juden, konzentriert. Auf dem Programm stehen häufig biblische Themen, bei denen sich archaische und moderne Tanzstile mischen. Die Gruppe wurde 1949 von Sara Levi-Tanai, einer aus dem Jemen stammenden Tänzerin, gegründet.*

Weitere wichtige Namen des israelischen Tanzes sind die ***Inbal Pinto & Avshalom Pollack Dance Company,*** *die sich besonders durch ihre modernen Improvisationen auszeichnet, oder die wilde* ***Yasmeen Goddard Dance Group,*** *die in Zusammenarbeit mit der angesprochenen Batsheva Dance Company arbeitet. Wer mehr zum Thema wissen möchte, kann sich auf www.danceinisrael.com einlesen oder sich für eine Vorführung direkt an das* ***Suzanne Dellal Centre*** *(s. S. 37) wenden.*

㉔ **Eretz Israel Museum.** In diesem Museum bekommt man einen umfassenden Einblick in die Kunstfertigkeiten der Israeliten und anderer Völker, die auf dem Staatsgebiet des heutigen Israel leben oder lebten. Es handelt sich um einen interessant gestalteten Komplex, der um den antiken Philisterhafen Tel Qasile herum angelegt wurde und aus acht Pavillons – zu je einem Interessensgebiet – besteht.

❺ [D7] **Etzel Museum.** Das Etzel Museum informiert über die Entstehungsgeschichte und die Aktivitäten der Untergrundorganisation Irgun Tzvai Leumi, die gleichermaßen gegen die Araber und Briten kämpfte, aber auch die (illegale) Einwanderung durch Juden während des Holocausts sicherte. Ausgestellt werden Zeitungsartikel, Originaldokumente sowie zahlreiche Gegenstände wie Uniformen, Waffen etc. Zum Etzel Museum gehört auch das Museum of the I.Z.L. (s. S. 41).

EXTRAINFO

Geschlossen

Freitags schließen die meisten Museen bereits um spätestens 14 Uhr und am **Samstag** bleiben viele gänzlich zu.

063tv Abb.: ba

156 [C10] **Gutman Museum of Art,** 21 R. Shimon Rokach, Tel. 03 5161970, www.gutmanmuseum.co.il, So–Do 10–16, Fr 10–14, Sa 10–15 Uhr, Eintritt: 24 NIS, ermäßigt 12 NIS. Im in Neve Tsedek gelegenen Gutman Museum of Art sind Werke des israelischen Malers und Allround-Künstlers Nachum Gutman (1898–1980) ausgestellt. Der ursprünglich aus Odessa stammende Gutman gilt als einer der ersten in Israel beheimateten Künstler.

157 [D9] **Haganah Museum,** 23 Sderot Rothschild, Tel. 03 5608624, So–Do 8–16 Uhr, Eintritt frei. Die Haganah war die Selbstverteidigungsbewegung der jüdischen Siedler in Palästina während der Zeit des britischen Mandats und somit einer der Vorläufer der israelischen Streitkräfte. In diesem Museum werden ihre Geschichte und ihre Bemühungen um die (oftmals illegalen) Einwanderer jüdischen Glaubens audiovisuell interessant aufbereitet nachgezeichnet.

158 [H4] **Harry Oppenheimer Diamond Museum,** 1 Derech Ze'ev Jabotinsky, Tel. 03 5751547, So–Do 10–16, Di 10–18 Uhr, Eintritt frei. Das Museum befindet sich im Maccabi Diamond Building in Ramat Gan, das auch die weltweit wichtigste Diamantenbörse beherbergt. In diesem äußerst aufwendig gestalteten Museum wird man ausführlich über die Diamantenherstellung informiert und kann einige dieser außergewöhnlichen „Steinchen" betrachten. Das Museum bietet im Zuge einer etwa vierstündigen, kostenlosen Stadtrundfahrt einen Besuch an (indivuelle Besuche sind natürlich auch möglich) – mit Abholung im Hotel (Infos unter Tel. 03 5757979). Kaufzwang herrscht nicht!

159 [F6] **Helena Rubinstein Pavilion for Contemporary Art,** 27 Sderot Sha'ul HaMelekh, Tel. 03 6077020, www.tamuseum.com, Mo, Mi, Sa 10–18, Di/

Das jüdische Trauma – die Plünderung Jerusalems durch Kaiser Titus – hier als Kopie im Beit HaTfutsot 26

Sehenswert – das Rokach House (s. S. 41) in Neve Tsedek

Do 10–21 und Fr 10–14 Uhr, Eintritt 50 NIS, ermäßigt 40 NIS (die Tickets des Tel Aviv Museum of Art gelten auch hier). Im Helena Rubinstein Pavilion werden wechselnde Ausstellungen moderner in- und ausländischer Künstler präsentiert.

M160 [C11] **IDF History Museum,** R. Yehezkel Kaufman, Tel. 03 5161346 oder 03 5172913, So–Do 8.30–16 Uhr, Eintritt frei. Interessantes Museum, in dem diverse Exponate der israelischen Armee wie Waffen oder Uniformen, aber auch schweres Kriegsgerät wie Panzer, Artillerie und Flakgeschütze ausgestellt werden.

M161 [A12] **Ilana Goor Museum,** 4 R. Mazal Dagim, Tel. 03 6837676, www.ilanagoor.com, So–Fr 10–16, Sa 10–18 Uhr, Eintritt 30 NIS, ermäßigt 20 NIS. Die aus Tiberias stammende Künstlerin Ilana Goor stellt in einer ehemaligen Pilgerherberge aus dem Jahr 1740 im alten Teil Jaffas neben ihren eigenen Arbeiten – v. a. Möbelstücke und Schmuck – auch reichlich Kunstobjekte namhafter israelischer Künstler wie Menashe Kadishman, Ya'acov Dorchin oder Uri Lifshitz aus. Zum Museum gehört auch eine Galerie samt Souvenirshop.

10 [D9] **Independence Hall.** Im Haus Nr. 16 an der Sderot Rothschild 9 widmet man sich der Unabhängigkeitserklärung des jüdischen Staates. Das Gebäude beherbergt neben einer Ausstellung mit historischen Fotos und zahlreichen Zeitungsartikeln die Independence Hall, in der David Ben-Gurion am 14. Mai 1948 die Gründung Israels verkündete.

5 [D7] **Jabotinsky Institute.** Angeschlossen an das Etzel Museum befindet sich das Jabotinsky Institute, in dem man einiges über das Leben Ze'ev Jabotinskys, des Oberkommandierenden der Untergrundorganisation Irgun Tzvai Leumi (kurz: Etzel) erfährt. Er galt als einer der Hauptverfechter des Zionismus und sah auf erstaunlich genaue Art das Schicksal der Juden während des Holocausts voraus.

M162 [B11] **Museum of the I.Z.L.,** Charles Clore Park, Tel. 03 5177180, So–Do 8.30–16 Uhr, Eintritt 10 NIS, ermäßigt 5 NIS. Das zum Etzel Museum gehörende (Tickets gelten für beide Häuser) Museum of the I.Z.L. befindet sich in einem Rauchglasgebäude innerhalb der Überreste eines alten arabischen Hauses und beschäftigt sich ebenfalls mit den Aktivitäten der Untergrundorganisation Irgun Tzvai Leumi, jedoch geht es in diesem Ausstellungshaus direkt am Meer v. a. um die Schlacht um Jaffa.

M163 **Palmach Museum,** 10 R. Haim Levanon, Tel. 03 6436393, www.palmach.org.il, keine festen Öffnungszeiten – ein Besuch muss im Vorfeld angemeldet werden, Eintritt 30 NIS, ermäßigt 20 NIS. Palmach ist ein hebräisches Akronym für Pelugot HaMahatz, eine Art militärische Spezialeinheit, die 1941 gegründet wurde, als man einen deutschen Einmarsch nach Palästina fürchtete, und die auch den Briten unerbittlich die Stirn bot. Zu sehen sind innovativ aufgearbeitete Zeitzeugnisse, auch in Form von Dokumentarfilmen und anderen Multimediaformaten.

M164 [C10] **Rokach House,** 36 R. Shimon Rokach, Tel. 03 5168042, www.rokach-house.co.il, So–Do 10–16, Fr,

019tv Abb.: dk

Sa 10–14 Uhr, Eintritt 10 NIS, ermäßigt 5 NIS. In diesem 1887 von Shimon Rokach – einem der ersten Bürger Neve Tsedeks 12 – gebauten Haus befindet sich eine Ausstellung zur Entstehung des Viertels.

165 [C7] **Rubin Museum,** 14 R. Bialik, Tel. 03 5255961, www.rubinmuseum.org.il, Mo, Mi–Fr 10–15, Di 10–20, Sa 11–14 Uhr, Eintritt 20 NIS, ermäßigt 10 NIS. In einer permanenten Ausstellung werden Bilder und Zeichnungen des international bekannten Malers Reuven Rubin (1893–1974) gezeigt. Seine Malerei – anfänglich von Henri Rousseau beeinflusst – zeigt seine Liebe zu Israel sowie zur jüdischen Kultur und Religion. Das Museum befindet sich im ehemaligen Haus des Künstlers und viele private Gegenstände vermitteln den Eindruck, als hätte Rubin das Haus gerade erst verlassen.

18 [F5] **Tel Aviv Museum of Art.** Das Tel Aviv Museum of Art ist vielleicht das namhafteste Kunstmuseum Israels und verfügt neben zeitlich begrenzten Ausstellungen über eine einmalige permanente Sammlung mit Werken von Pablo Picasso, Joan Miró, Gustav Klimt, Wassily Kandinsky, Roy Lichtenstein u. v. a.

Kunstgalerien

Mit über 40 Kunstgalerien kann man Tel Aviv ganz und gar als innovative Kunstmetropole bezeichnen. Wer also Lust hat, einen Blick über den gewöhnlichen Museumstellerrand zu werfen, der wird bei den folgenden Adressen sicher nicht enttäuscht. Eine erste Anlaufstelle könnte die **Rehov Gordon** [C/D5] sein, wo sich zahlreiche Ausstellungshäuser wie Nelly Aman & Engel (Nr. 26), Montefiore (Nr. 36), Givon Art Gallery (Nr. 39) oder die unten erwähnte fantastische Stern Gallery befinden. Noch mehr Informationen erhält man über die Art Galleries Map, die es kostenlos bei der Touristeninformation (s. S. 106) gibt. Die Öffnungszeiten der Galerien variieren nicht selten, daher ist ein Anruf nie verkehrt.

166 [D8] **Chelouche Gallery,** 7 R. Mazeh, www.chelouchegallery.com, Tel. 03 6200068. Eine der namhaftesten Galerien Israels, die Gemälde, Einrichtungsgegenstände sowie Skulpturen und jegliche Art von Kunstobjekten zeitgenössischer Künstler zeigt.

167 [B12] **Gaporou Gallery,** 6 R. Nachman, Tel. 03 9731007. Im Herzen des Shuk HaPishpeshim mitten in Jaffa befindet sich diese Adresse, die sich vorrangig auf afrikanische Kunst spezialisiert hat.

168 [A13] **Jaffa Art Salon,** Namal Yafo, Hangar 2, Tel. 052 8133410. Im alten Hafen Jaffas werden vor allem spannende Werke israelischer Künstler ausgestellt.

169 [F5] **Litvak Gallery,** 4 R. Berkovich, Tel. 03 6959496, www.litvakgallery.co.il. In der Litvak Gallery mit ihrem 800 m² großen Showroom hat man sich auf Kunstobjekte aus Glas spezialisiert.

170 [C5] **Stern Gallery,** 30 R. Gordon, Tel. 03 5246303, www.sternart.com. Bilder zu den Themen Israel und Judaica, darunter namhafter israelischer Maler wie Gad Hadar, Gidanian Nava, Haller Gil und Barak Dorit.

171 [B12] **Urban Gallery,** 12 R. Beit Eshel, www.urbangallery972.com, Tel. 03 5181401. Hier gibt es Bilder israelischer (z. B. Menashe Kadishman) und internationaler Künstler zu sehen.

Sauerstoffmangel? Auch in Tel Avivs Innenstadt findet man grüne Orte.

Interesse an Design? - Auf nach Holon!

Von Jaffa ist es mit dem Bus - Buslinien fahren z. B. von der Sderot Yerushalayim [C13] ab - nur noch ein Katzensprung nach Holon. Besucher verschlägt es in diesen vor allem von orientalischen Juden bewohnten, südöstlichen Nachbarort Tel Avivs speziell wegen des hier befindlichen, wirklich äußerst sehenswerten Design Museums.

In dem extravaganten, von Ron Arad entworfenen und 2010 eröffneten Gebäude mit seiner futuristischen, roten Fassade widmet man wechselnde Ausstellungen dem Thema Design in seinen unterschiedlichsten Formen. Dies mag unspektakulär klingen, doch die primären Ziele des Design Museum Holon sind es, nicht nur Kunstschaffende zu inspirieren, sondern auch zu hinterfragen, welche Rolle das Thema Design in unserem Leben spielt und wie es die breite Öffentlichkeit beeinflusst. Aufgrund der zeitgemäßen Konzeption der Ausstellungen wird das Design Museum immer wieder als eines der besten Israels bezeichnet. Angeschlossen an das Museum ist das Holon Institute of Technology, eine Mediathek zum Thema Design sowie das National Israeli Cartoon Museum.

› ***Design Museum Holon,*** *8 Rehov Pinchas Eylon, Haltestelle Design Museum, Bus 3, 11, 71, 89, 99, Tel. 073 21211500, www.dmh.org.il, Mo/Mi 10–16, Di/Do 10–22, Fr 10–14 und Sa 10–20 Uhr, Eintritt 35 NIS, ermäßigt 20 NIS. Für einen Besuch sollte man etwa zwei Stunden einplanen.*

Tel Aviv zum Träumen und Entspannen

In einer Stadt, in der man es selten weiter als einen Kilometer bis zum **Meer** hat, und die diverse **Parks, Garten- und Grünanlagen** bietet, findet man fast überall perfekte Örtchen zum Ausspannen. Angenehm ist, dass der „Coffee to Go" sich auch in Tel Aviv größter Beliebtheit erfreut und mittlerweile praktisch in jedem Café käuflich erworben werden kann, sodass man nicht auf Terrassen angewiesen ist. Bei schlechtem Wetter bieten die allgegenwärtigen **Lokale** und **Imbissbüdchen** auch dem redefaulen Morgenmuffel die Möglichkeit, in Ruhe seinen Cappuccino samt Zeitung zu genießen.

020tv Abb.: dk

Tel Aviv zum Träumen und Entspannen

Neben den Hauptsehenswürdigkeiten wie der Sderot Rothschild 9 und der Sderot Ben-Gurion 21, die beide über Grünstreifen verfügen, finden sich noch viele weitere mehr oder weniger bekannte Flecken und Orte zum Entspannen. Alle parkähnlichen Anlagen sind eintrittsfrei und haben keine besonderen Öffnungszeiten.

- •172 [B10] **Charles Clore Park.** Der Charles Clore Park befindet sich im südlichen Teil der Tayelet genannten Uferpromenade. Aufgrund seiner Lage zwischen der Innenstadt und Jaffa stellt er auch für müde Shopper den idealen Ort dar, um ein bisschen durchzuatmen und Kraft zu sammeln. Auf den Parkbänken an der Felsküste scheint der Großstadtstress – nicht zuletzt wegen des Weitblicks aufs Meer – vorerst vergessen.
- •173 [C3] **Gan Ha'atzmaut.** Der Gan Ha'atzmaut – Hebräisch für „Unabhängigkeitsgarten" – befindet sich hinter dem Hilton Hotel und bildet eine meist wenig frequentierte Alternative zum nahegelegenen Hilton Beach. Wie der Strand ist auch der Park gerade in schwulen Kreisen beliebt. In der ganzen Umgebung befinden sich sog. *Butkes*, also kleine Imbissbüdchen.
- •174 [A12] **Gan HaPisgah.** Der Gan HaPisgah befindet sich im alten Teil Jaffas, südöstlich des Kikar Kedumim auf dem Tel Yafo genannten Hügel, von dem man einen beeindruckenden Blick über die Küstenlinie und Tel Aviv hat. Er bietet neben einer großen Liegewiese ein weitschweifiges, von schattigen Bäumen durchzogenes Areal, in dem Wege zu Spaziergängen und Bänke zum Verweilen einladen. Man wandelt über die sogenannte „Wunschbrücke", betrachtet das „Standbild des Glaubens" und man kann einige historische Ausgrabungsstätten, u. a. aus der Zeit des pharaonischen Ägypten wie den Ramses-Torbogen besichtigen.
- •175 [D7] **Gan Meir.** Zwischen der Rehov HaMelekh George V. und der ruhigeren Rehov Tchernihovski liegt der relativ große Park Gan Meir, der sich vor allem dazu eignet, sich von den Strapazen des Stadtbummels zu erholen, denn durch seine Grünfläche bietet er ein Stückchen „grüne Lunge" im zentralen Teil der Stadt. Besonders Kinder werden den Park wegen seines Abenteuerspielplatzes lieben und wer Hunde mag, kommt im südöstlichen Teil des Gan Meir – hier befindet sich ein abgegrenzter Teil für Vierbeiner – sicherlich auf seine Kosten.
- •176 **Tel-Afek-Nationalpark,** der Haupteingang befindet sich auf der Straße von Petah Tikva nach Rosh Ha'Ayin zwischen dem Kibbuz Giv'at HaShlosha und dem Kibbuz Einat, Buslinien 7, 17, 27, 93, Eintritt 27 NIS, ermäßigt 14 NIS. Wer den östlich des Yarkon Park gelegenen Tel-Afek-Nationalpark besuchen möchte (Besuchszeit mindestens zwei Stunden), sollte keinesfalls die osmanischen Ausgrabungen auf dem Hügel übersehen.
- •177 [E1] **Yarkon Park,** Buslinien 24, 25, 27. Aus Tel Afek kommend, trennt der knapp 28 km lange Yarkon-Fluss Tel Aviv und das nördlich davon liegende Ramat Aviv voneinander. Entlang der letzten Kilometer vor der Mündung befindet sich ein ausgedehntes, 380 ha großes Naherholungsgebiet. Die asphaltierten Wege entlang beider Ufer laden zu Spaziergängen, zum Rollerblade- und Fahrradfahren ein, aber es gibt auch Möglichkeiten zum Klettern oder für eine Tretboot- oder Kajaktour – Anmietmöglichkeiten für das Equipment befinden sich in der Nähe der Bar-Yehuda-Brücke. Der Großteil dieses Gebiets ist verkehrsberuhigt und man findet Spiel-, Sport-, Minigolf-, Trampolin- und Grillplätze. Das Amphitheater im Park wird bei Konzerten genutzt und dann von Tausenden Musikliebhabern besucht.

Zur richtigen Zeit am richtigen Ort

Es gibt glücklicherweise keine „beste“ Zeit, um Tel Aviv zu besuchen, denn hier hat jede Jahreszeit ihren besonderen Reiz. Natürlich bevorzugen viele Besucher den Frühling und Sommer, da eine Vielfalt an Aktivitäten im Freien möglich sind, doch auch einen Stadtbesuch im Herbst sollte man in Erwägung ziehen: Wenn es in Mitteleuropa bereits kalt und nass ist, kann man sich in Tel Aviv immer noch an der Sonne laben und gleichzeitig die Zeit für ausgiebige Museums- und Theaterbesuche, Konzerte und kulinarische Genüsse in den Lokalen der Stadt nutzen. Sogar der meist milde, aber manchmal verregnete Winter hat seine positiven Seiten, denn dann wird in Tel Aviv heftig gefeiert! Die meisten Feiertage richten sich nach dem jüdischen Kalender und ändern sich jedes Jahr geringfügig. Spezifische Informationen hierzu erhält man unter www.hagalil.com, für tagesaktuelle Veranstaltungsvorschläge kann man sich auf www.visit-tlv.com schlau machen.

Januar, Februar, März

- Anfang Januar findet im Israel Trade Fairs and Convention Center (auf Hebräisch: Ganey HaTa'arucha) nördlich des Yarkon Park (s. S. 44) ein **Fashion Designer's Bazaar** statt, bei dem überschüssige Ware der Wintersaison zu „Schleuderpreisen“ verkauft wird.
- Mitte Januar ist in Tel Aviv Cineastenzeit, denn dann feiert man hier das sechstägige **Tel Aviv Film Festival** (www.tlvfest.com/en/) in der Cinematheque (s. S. 35).
- Zwischen Ende Januar und Anfang Februar fällt der Feiertag **Tu Be Shevat** – das Neujahrsfest der Bäume. Es werden Bäume gepflanzt, man isst Obst und Nüsse und die Stadt tickt etwas langsamer als sonst.
- Anfang Februar ist die beste Zeit, um auf der **IsraWine Expo** einheimische Weine kennenzulernen (www.israeli-wine.org).
- Im Februar begeistert das **Jazz & Blues Festival** Musikfans aus dem In- und Ausland (www.jazzfest.co.il).
- Ebenfalls im Februar findet im Namal 23 (Hangar 20) etwa drei Wochen lang das **Tel Aviv Port Shopping Raft** statt, bei dem vorrangig israelisches Kunsthandwerk verkauft wird.
- Im März steht Tel Aviv ganz im Zeichen von **Purim**, einer jüdischen Mischung aus Karneval und Halloween. Nicht nur die Kinder lieben es, in Verkleidung durch die Straßen zu ziehen, und in den Kneipen und Klubs wird überall wild gefeiert.
- In einer Märzwoche beteiligen sich zahlreiche Restaurants an der **Gourmet Week**, bei der man Menüs zu einem besonders günstigen Preis bekommt (www.telavivfood.co.il).
- Auch im März finden in der Cinematheque (s. S. 35) **Filmfestivals** statt, meist mit einem besonderen Schwerpunkt (www.tlvfest.com/en/).
- Mitte März organisiert das Suzanne Dellal Centre (s. S. 37) alljährlich ein **Flamenco-Festival** (www.keren-adi.org).
- Ende März findet der **Tel Aviv Marathon** statt, eines der größten Breitensportevents des Landes (www.tlvmarathon.co.il).

April, Mai, Juni

- Im April feiert man über eine Woche lang **Pessach**, das Fest, das an den Auszug der Israeliten aus Ägypten erinnert. Es handelt sich v. a. um ein Familienfest, weshalb viele Restaurants und Shops –

speziell am ersten (Seder-)Abend – geschlossen bleiben. Außerdem steigen die Hotelpreise, da Ferienzeit ist. Zu Pessach werden in strenggläubigen jüdischen Haushalten keine gesäuerten Brote, sondern nur die sogenannte Mazzes gegessen und viele Familien versuchen, sich koscher zu ernähren. Am letzten Tag des Pessach-Festes feiern marokkanische Juden **Mimoona,** ein Fest der „offenen Türen" mit reichlich lokalen Leckerbissen – in vielen Privathaushalten sind dann Fremde willkommen!

› Etwa eine Woche nach Pessach gedenkt man am **Yom HaShoah** – dem Holocaust-Gedenktag – in zwei Schweigeminuten (durch einen Alarm im ganzen Land angekündigt) der sechs Millionen Juden, die durch die Nazis ermordet wurden.
› Ebenfalls im April findet im Felicja Blumental Music Center (s. S. 37) das **Internationale Musikfestival** mit reichlich klassischer Musik statt (www.blumentalfestival.com).
› In der zweiten Aprilwoche feiert man im Namal Yafo 31 das **Teatroneto Theatre Festival,** bei dem speziell der Monolog als Höchstform des Theaters in diversen Stücken zelebriert wird.
› Zwischen Mitte April und Anfang Mai erinnern die Israelis am **Yom Ha'atzmaut** und dem Vortag, dem Yom HaZikaron, an die Staatsgründung im Jahre 1948 und feiern bei Umzügen das Bestehen ihres Landes.
› Im Mai findet das **Lag BaOmer** genannte Feuerfest statt, das an Simon Bar-Kochba erinnert, einen jüdischen Aufständischen, der sich gegen die Römer auflehnte. Kinder und Erwachsene veranstalten Picknicks und versammeln sich um Lagerfeuer. Außerdem heiraten an diesem Tag viele Pärchen, denn die Gebote der Trauerzeit, die für die 49 Tage zwischen Pessach und Shavuot gelten, sind dann ausgesetzt.
› Wirklich einzigartige nationale Kunstevents kann man während des **Israel Festival** (www.israel-festival.org.il) erleben. Sie finden an verschiedenen Locations in Tel Aviv und allen voran im Suzanne Dellal Centre (s. S. 37) statt.
› Im Mai findet in der Cinematheque (s. S. 35) eine Woche lang das Dokumentarfilmfestival **Doc Aviv** statt.
› Meist in der ersten Woche im Mai kann man während des Architekturevents **Houses from Within** zwei Tage lang reprä-

060tv Abb.: dk

sentative Privatwohnungen besichtigen (www.batim-il.org/DefaultEng.aspx).

- In der zweiten und dritten Woche im Mai steht die Stadt im Zeichen der **Arthur Rubinstein Piano Competition** (www.arims.org.il), bei der sich Pianisten aus aller Welt messen.
- Im Juni findet das Erntedankfest **Shavuot** statt, bei dem traditionell Milch getrunken und „milchige Speisen" (Eierkuchen mit Quark, Käsekuchen usw.), Obst und Honig gegessen werden. Viele Israelis tragen dann weiß und an verschiedenen Orten der Stadt kann man Zeuge diverser Veranstaltungen werden.
- Auch im Juni wird in der Tel Aviv Cinematheque (s. S. 35) erneut ein **Filmfestival** mit einem besonderen Schwerpunkt abgehalten.
- Anfang Juni findet im Charles Clore Park (s. S. 44) ein zweitägiges **Bierfestival** mit Konzerten und anderen Kulturevents statt. Natürlich fließt außerdem das gelbe Gebräu in Strömen!
- An einem Wochenende im Juni feiert die schwul-lesbische Community Tel Avivs mit der **Gay Parade** ihre größte Party (http://tourism.glbt.org.il/en/).
- Ende Juni/Anfang Juli öffnen in der **White Night** unzählige Restaurants, Museen und Kulturstätten die ganze Nacht hindurch ihre Türen und es finden Musik-, Tanz, Theater- und Literaturevents statt. Den Höhepunkt bildet dabei der **International Marathon for Jazz and Avant-garde Music** (www.israstage.com) im Einav Center auf dem Dach der Shoppingmall Gan Ha'ir (s. S. 16).

◻ Zum Yom Ha'atzmaut erstrahlt Tel Aviv in patriotischem Weiß und Blau

Juli, August, September

- Im alten Teil Jaffas veranstaltet man als eine Art **Sommerfest** im Juli jeden Samstag an verschiedenen Orten unterschiedliche Performances.
- Der Yarkon Park (s. S. 44) verwandelt sich im Juli zum Treffpunkt für Opernfans. Dann führt die **Israeli Opera** ihre Vorstellungen auf einer riesigen Bühne *open air* und für die Besucher auf dem Rasen kostenlos auf (www.tlv100.co.il/EN/Pages/EngHome.aspx). Außerdem gibt es viele weitere Tanz- und Musikevents.
- Anfang Juli wird auf der Sderot Rothschild 9 eine Art **Straßenfest** mit Kunsthandwerksständen, Gastronomie und Kultur abgehalten.
- Ebenfalls Anfang Juli hat die Stern Gallery (s. S. 42) das **Art, Wine & Jazz** genannte Allround-Kunstevent im Programm.
- Mitte Juli tanzen Künstler während des **Suzanne Dellal's World Dance Festival** auf einer Open-Air-Bühne im Yarkon Park (s. S. 44) alles von Ballet bis zu Improvisations- und modernen Tanzstilen.
- Den August über treten jeden Abend verschiedene Bands in unmittelbarer Nähe des Flohmarkts (s. S. 20) in Jaffa auf. Das ohnedies lebendige Viertel wird während dieses **Pishpeshuk** genannten Events dann noch brodelnder.
- Anfang August beherbergt die Cinematheque (s. S. 35) ein internationales Comic- und Trickfilmfestival namens **Animation, Comics and Caricature Festival.**
- Unter dem Motto **Beach Cinema** werden eine Woche im August am Banana Beach (s. S. 70) auf einer riesigen Leinwand allerlei Filmklassiker gezeigt.
- Mitte August steht die Stadt im Zeichen der Liebe, denn der **Tu Be'Av** – auch **Chag Ha'Ahava** genannt – ist die jüdische Variante des Valentinstags. Die Stadt „versinkt" dann in einem Meer aus roten Herzen und Rosen.

- Mitte August dreht sich im Yarkon Park (s. S. 44) während des **Humus Festivals** über mehrere Tage alles um das berühmte Kichererbsenmus.
- Der jüdische Trauertag **Tisha Be'Av**, an dem besonders die orthodoxen Juden der Zerstörung des Jerusalemer Tempels gedenken und die meisten Bars und Klubs geschlossen bleiben, fällt meist auf den August.
- Im September oder Anfang Oktober findet das jüdische Neujahrsfest **Rosh HaShana** statt, zu dem auch Tausende Juden aus dem Ausland in die Stadt kommen und dadurch die Hotelpreise in die Höhe schnellen lassen. Man isst viel Süßes und verbringt den Tag in der Regel mit der Familie.
- Ende September oder bereits Anfang Oktober findet **Yom Kippur**, der höchste jüdische Feiertag statt. Es ist ein Fastentag, an dem man sich traditionell weiß kleidet und an dem ausnahmslos alle Büros, Geschäfte, Restaurants, Kneipen und Cafés geschlossen sind. **Das öffentliche Leben steht gänzlich still.** Alle Grenzübergänge und Transportpunkte (auch der Flughafen) sind geschlossen. Es gibt weder Radio- noch Fernsehprogramme und obwohl es kein behördliches Fahrverbot gibt, sind die Straßen bis auf Krankenwagen fast komplett autofrei. Dafür sind besonders in Tel Aviv viele Radfahrer unterwegs und das Leben am Strand läuft zu Höchstformen auf.

Oktober, November, Dezember

- Im Oktober feiert man **Sukkot**, das Laubhüttenfest. Gläubige Juden bauen dann in Erinnerung an den Auszug aus Ägypten, als die Israeliten in provisorischen Behausungen wohnten, dort wo sich Platz dafür bietet – im Garten, im Hof, auf dem Parkplatz, Balkon oder Dach – eine mit Ästen, Stroh oder Laub gedeckte Hütte, die sog. *Sukkah*, die unter freiem Himmel stehen muss. Sieben Tage nach Sukkot geht an **Simhat Tora** der jährliche Lesezyklus der Tora in den Synagogen zu Ende.
- Mitte Oktober findet das mehrtägige **Icon Festival** (www.icon.org.il) statt, in dessen Rahmen speziell Science-Fiction- und Fantasy-Filme vorgeführt werden.
- Etwa in der zweiten Oktoberhälfte feiert die Gay Community ein Wochenende lang das **Endless Summer Weekend** mit schwul-lesbischen Events an verschiedenen Orten der Stadt (http://tourism.glbt.org.il/en/).
- Gegen Ende Oktober organisiert das Suzanne Dellal Centre (s. S. 37) zusammen mit dem Performing Arts Center (s. S. 37) das **Tel Aviv Dance Festival**, bei dem Tanzensembles aus der ganzen Welt auftreten. Es ist weltweit eines der namhaftesten Festivals seiner Art.
- Im November wird in der Tel Aviv Cinematheque (s. S. 35) zum vierten Mal ein **Filmfestival** mit einem besonderen Schwerpunkt abgehalten.
- Das jüdische Pendant zu Weihnachten ist **Chanukka**, das achttägige Lichterfest, das an die Wiedereinweihung des zweiten jüdischen Tempels in Jerusalem erinnert. Auch hierbei handelt es sich in erster Linie um ein Familienfest, doch das Leben steht im Unterschied zu anderen Feiertagen nicht komplett still.
- **Silvester** feiert man in Tel Aviv am besten in einer der Bars oder Klubs am Namal 23. Zwar ist in der Regel der folgende Tag ein regulärer Arbeitstag, dennoch wird gefeiert, was das Zeug hält.

Am Puls der Stadt

021tv Abb.: dk

Tel Aviv hat zahlreiche Gesichter, ob als sorglose Partyhauptstadt, als geschäftiges Hightech- und Finanzzentrum oder als Melting Pot eines Einwanderungslandes, in dem Weltoffenheit und Multikulturalität selbstverständlich sind. Die Großstadt am Mittelmeer ist in Israel in erster Linie für ihren ausgelassenen, locker-liberalen und vor allem extrem säkularen Lebensstil bekannt, für ihre unzähligen gemütlichen Cafés, die Spitzenrestaurants und die Klubs, die längst mit denen in London, Ibiza oder New York mithalten können.

Doch Tel Aviv ist keine stressige Megametropole, selbst wenn sie sich gerne als „the city that never sleeps" bezeichnet. Hier geht es einfach entspannter, lässiger und unkomplizierter zu, als an vielen vergleichbaren Orten, denn unter dem Begriff Tel Aviv versteht man nicht nur eine Stadt, sondern eine Art Weltanschauung, auf die man sich am besten einstellt, indem man ein paar Gänge runterschaltet und bei einem kühlen Drink alles ganz langsam auf sich zukommen lässt.

Das Antlitz der Metropole

Tel Aviv ist nicht Jerusalem, hier gibt es keine lange Liste von Sightseeing-Musts, keine absolut sehenswerten Ausgrabungsstätten, in sich zusammengefallene Steinzeugen vergangener Jahrhunderte oder sonst irgendetwas, das den Geschichtsprofessor aus den Socken hebt. Im Gegenteil: Die Stadt begeistert einfach durch ihr Flair und ihre Atmosphäre.

Tel Aviv liegt unmittelbar am **Mittelmeer** und stellt mit einer Fläche von rund 50 km² und fast 415.000 Einwohnern nach Jerusalem die **zweitgrößte Stadt Israels** dar. Hinzukommen zig Tausend Pendler, die im Stadtgebiet erwerbstätig sind, jedoch außerhalb wohnen. Zusammen mit den angrenzenden Städten Ramat Gan, Givatayim, Holon, Bat Yam und Bnei Brak bildet die Stadt den **Großraum Tel Aviv** (Gush Dan), in dem heute etwa 3,4 Millionen Menschen leben, sprich mehr als 40 % der israelischen Bevölkerung.

Wer Tel Aviv zum ersten Mal besucht, dem wird vor allem die uneinheitliche, geradezu provisorisch anmutende **Skyline** auffallen, die weit verzweigt die gesamte Küstenlinie vereinnahmt, während sich dahinter mehrheitlich drei- bis vierstöckige Wohnhäuser anschließen. **Natürliche Erhöhungen** gibt es so gut wie nicht, sieht man von ein paar Hügeln im südlichen Stadtteil Jaffa ab. Wirklich allgegenwärtig ist dafür das Meer, das man an den **langen Sandstränden** – sie stellen eine Art „natürliches Wohnzimmer der Stadt" dar – genießen kann und dabei räumlich zwar nur wenige Meter, **erholungstechnisch** jedoch eine halbe Ewigkeit vom stressgeplagten Trubel der City entfernt ist.

Durch die einigermaßen **übersichtliche Stadtgliederung** mit der Innenstadt, die eben nur einen Steinwurf von der Küstenlinie entfernt ist, findet man sich relativ einfach zurecht und aufgrund der **überschaubaren Größe** ist Tel Aviv prädestiniert dafür, per pedes erkundet zu werden. Zwar mag die Stadt auf den ersten Blick keine Augenweide sein – vielerorts ist sie sogar auffallend hässlich –, sie stellt jedoch einen spannenden **„Architekturcocktail"** dar, bei dem man immer wieder auf den pragmatischen Dialog zwischen Alt und Neu stößt. So z. B. in Form der **historischen Viertel** wie Neve Tsedek ⓬, der American Colony und Noga ㉜ oder den osmanischen Gebäuden Jaffas auf der einen und den sich direkt daneben offenbarenden Hochhäusern des Geschäftsviertels und der Strandpromenade auf der anderen Seite. Wirklich einmalig ist Tel Aviv für seine **Bauhaus-Architektur**, die in Form der Weißen Stadt ⓫ seit 2003 zum Weltkulturerbe der UNESCO zählt. Interessant ist hier, dass die Stadt – aus dem Bedürfnis heraus, möglichst schnell, möglichst viel Wohnfläche auf engem Raum zu schaffen – bereits zu einer Zeit bahnbrechend modernistisch war, als man sich in Europa noch den alten Dogmata der **Bauästhetik** verpflichtet sah.

Postkartenperspektive: Tel Avivs Küstenlinie von Jaffa aus gesehen

022tv Abb.: ba

Von den Anfängen bis zur Gegenwart

Die Geschichte Tel Avivs und Jaffas ist ungemein vielfältig. Sie erzählt von einer ägyptisch-kanaanitischen Siedlung am Mittelmeer, die sich zu einer wichtigen Hafenstadt, dann zur Kreuzfahrerfestung, später zum Schmelztiegel für Christen, Juden und Muslime, dann zu einem der Zentren der jüdischen Emigration und bis in die Gegenwart zur lebendigen Wirtschafts- und Partymetropole entwickelte.

Tel Aviv ist eine **pragmatisch angelegte Siedlung** vorrangig jüdischer Einwanderer, die im Jahre 2009 gerade mal ihr **100-jähriges Jubiläum** gefeiert hat. Archäologen gehen aber davon aus, dass das Gebiet um **Jaffa,** Tel Avivs südlichem Stadtteil, schon 3500 v. Chr. besiedelt war. Jaffa (auf Hebräisch *Yafo*) wurde 1950 eingemeindet und das gesamte Stadtgebiet heißt seitdem offiziell **Tel Aviv-Yafo.**

Nachdem in Jaffa über Jahrhunderte vorrangig Araber christlichen und moslemischen Glaubens gelebt hatten, siedelten sich ab der zweiten Hälfte des 19. Jahrhunderts auch wieder immer mehr Juden an. Sie kamen vor allem aus Marokko und dem Jemen und später, durch das Aufkommen des **zionistischen Gedankens** durch Theodor Herzl (1860–1904), der die Verfolgung der (europäischen) Juden voraussah und ihnen mit einem eigenen, jüdischen Nationalstaat eine sichere Heimat schaffen wollte, auch aus Zentral- und Osteuropa, sodass nördlich des historischen Kerns schnell weitere **Wohngebiete** entstanden. Dies lag einmal an der prädestinierten Lage

023tv Abb.: dk

am Meer, südlich des Yarkon-Flusses, aber auch daran, dass Jaffa zu jener Zeit einen recht **bedeutsamen Handels- und Pilgerhafen** hatte. Gegründet wurde Tel Aviv dann als in den Dünen der sandigen Küstenebene versteckte Gemeinde im Jahre **1909** und der Zustrom von neuen Einwanderern wuchs stetig an und machte sie rasch zur Stadt. Nach dem Ersten Weltkrieg und verstärkt während und kurz nach dem Zweiten Weltkrieg **stieg die Bevölkerungszahl** aufgrund der vielen Flüchtlinge kurzzeitig auf über 150.000.

Als Israel am **14. Mai 1948** in die Unabhängigkeit entlassen wurde, hatte Tel Aviv über 200.000 Einwohner und die Entwicklung der Stadt hat seitdem nicht aufgehört, stellt sie doch heute die lebenswerteste Metropole Israels dar. Kein Wunder, denn welch andere Großstadt bietet neben einem derart umfassenden **Lifestyle-Angebot** nicht nur Strand und Sonne, sondern auch sonst so ziemlich alles, was den Alltag angenehm macht?

Vorchristliche und römische Zeit

ca. 3500 v. Chr. Mögliche erste Besiedelung Jaffas

1800–1600 v. Chr. Gründung der ersten befestigten Siedlung in Jaffa

ca. 1450 v. Chr. Erwähnung Jaffas in ägyptischen Inschriften unter dem Namen *Ipu* als kanaanitische Siedlung, die vom Pharao Thutmosis III. erobert wurde

1200–1000 v. Chr. Gründung einer israelitischen Siedlung in der Umgebung von Jaffa

ab 1150 v. Chr. Abwechselnde Herrschaft durch die Philister und die Israeliten

ca. 960 v. Chr. Zedern aus dem Libanon werden über Jaffa nach Jerusalem gebracht, um den ersten jüdischen Tempel zu errichten.

721 v. Chr. Die Assyrer landen in Jaffa und erobern von hier aus ganz Israel.

ab ca. 586 v. Chr Babylonische Herrschaft, dann Einmarsch der Perser

ab 333–152 v. Chr. Griechen siedeln in Jaffa und taufen es *Joppa*. Herrschaft der Ptolemäer und Seleukiden.

ca. 164 v. Chr. Die Makkabäer übernehmen kurz die Macht, Jaffa wird zum wichtigsten Hafen ihres Reiches.

37 v. Chr. bis 395 n. Chr. Die Römer herrschen über Jaffa, doch wegen der Loyalität der Einwohner zu den Hasmonäern baut Herodes Caesarea zum größten Hafen aus. Jaffa verliert in Folge an Wichtigkeit. Unter Konstantin dem Großen wird die Stadt Bischofssitz.

ab 100 n. Chr. Neuerliches Aufleben der jüdischen Gemeinde Jaffas, nachdem die meisten Gemeindemitglieder vorher durch die Römer verbannt worden waren

324–640 Byzantinische Periode, Massaker an der jüdischen Bevölkerung durch die neuen Machthaber

bis 450 Jaffa ist als byzantinische Hafenstadt weitgehend christianisiert.

ab 614 Erneute Herrschaft der Perser

KURZ & KNAPP

Die Stadt in Zahlen

- **Gegründet:** 1909 (Tel Aviv), ca. 3500 v. Chr. (Jaffa)
- **Einwohner:** 415.000
- **Einwohner je km²:** 8148
- **Höhe ü. M.:** 5 m

Mittelalter

636 Krieger des islamischen Kalifen Omar erobern Jaffa.

878 Ibn Tulun erobert Ägypten und Palästina und begründet die muslimisch-türkischstämmige Tuluniden-Dynastie. Jaffa ist wieder eine bedeutende Hafenstadt.

1099 Gottfried von Bouillon erobert im Rahmen des Ersten Kreuzzugs Jaffa und ernennt es zum „Hafen Jerusalems".

1134 Aufstand der Kreuzfahrer und einseitige Ausrufung einer Grafschaft Jaffa

1187 Niederlage der Kreuzfahrer. Der Ayyubiden-Sultan Saladin erobert die Stadt.

1191 Das Heer des Dritten Kreuzzugs unter Richard Löwenherz besetzt kampflos die Stadt.

1229 Friede von Jaffa zwischen Kaiser Friedrich II. und Sultan al-Kamil zugunsten der Kreuzfahrer, eine christliche Grafschaft wird ausgerufen.

1268 Mamluken erobern unter Sultan Baibar I. die Stadt und zerstören bzw. entvölkern sie weitestgehend.

1336 und 1345 An-Nasir Mohammad lässt den Hafen Jaffas zerstören, um eine Landung von fränkischen Kreuzfahrern zu verhindern.

Orient trifft Okzident, die Hassan-Bek-Moschee 14 *inmitten des Hochhausdschungels*

Von den Anfängen bis zur Gegenwart

Neuzeit

ab 1516 Jaffa fällt an die Osmanen und kann in den Folgejahren seine alte wirtschaftliche Bedeutung zurückerlangen, insbesondere als Pilgerhafen auf dem Weg nach Jerusalem.

1600–1800 Gründung zahlreicher christlicher Zentren für Pilger

ca. 1750 Gründung des ersten jüdischen Pilgerheimes unter dem Konstantinopler Komitee

1799 Napoléon Bonaparte belagert Jaffa während seiner Ägyptischen Expedition. Plünderung durch die Franzosen und Hinrichtung des osmanischen Gouverneurs.

1800 Mithilfe der Briten baut Jaffa seine Befestigungsanlagen aus.

1820 In Jaffa wird seit Langem wieder eine Synagoge errichtet.

1832 Ägyptische Truppen unter Muhammad Ali Pascha erobern die Stadt.

1834 Arabische Revolte, Jaffa wird über 40 Tage von arabischen Freischärlern belagert.

1841 Neuerliche Machtübernahme durch die Osmanen, Jaffa besitzt eine kleine sephardische Gemeinde.

Jüngere Geschichte

ab 1860 Nordafrikanische Juden siedeln in Jaffa.

1867 Jaffa hat ca. 5000 Einwohner, davon 1000 Christen und 800 Juden, der Rest sind Muslime.

1872 Die Stadtmauern Jaffas werden geschleift.

ab 1880 Immer mehr aschkenasische Juden siedeln in Palästina.

Perfekt für Geschichtsfans: das Beit HaTfutsot (26) *in Ramat Aviv*

1887–1904 Gründung der jüdischen Siedlungen Neve Tsedek (1887), Neve Shalom (1890) und Kerem HaTeimanim (1904) außerhalb von Jaffa

1904 Abraham Isaac Kook (1864–1935) kommt aus Lettland nach Jaffa und wird zum Oberrabbiner der dortigen aschkenasischen Gemeinde.

1909 Zionistische Siedler gründen nördlich von Jaffa den Ort Ahuzat Bayit, den sie ein Jahr später in Tel Aviv umtaufen.

1914–1918 Erster Weltkrieg, die Briten erobern im Spätherbst 1917 Jaffa von den Osmanen, die bereits vorher die Zivilisten zum größten Teil evakuierten.

1917–1920 Verstärkter Zuzug von Juden nach Jaffa

1920–1921 Arabische Ausschreitungen gegen Juden, viele jüdische Siedler ziehen nach Tel Aviv, das durch den Hochkommissar Sir Herbert Samuel eine eigene städtische Verwaltung erhält.

1925 Tel Avivs Bürgermeister Meir Dizengoff beauftragt Patrick Geddes mit der Stadtplanung.

1931 Das HaBimah-Theater wird in Tel Aviv gegründet, zahlreiche Häuser im Bauhaus-Stil entstehen.

1934 Tel Aviv erhält die volle Unabhängigkeit von Jaffa.

1936–1939 Arabischer Aufstand gegen die Briten, die mit Waffengewalt antworten und zahlreiche Häuser in Jaffa sprengen. Tel Aviv bekommt einen eigenen Hafen und der Flughafen wird errichtet.

1939–1945 Während in Europa der Zweite Weltkrieg wütet, kommen Zigtausend Flüchtlinge – meist illegal – in die britische Mandatszone Palästina. Die Bevölkerungszahl wächst 1945 kurzzeitig um 70.000 auf 230.000 Menschen.

1947 Die UN beschließt den Teilungsplan für Palästina mit einer arabischen und einer jüdischen Zone.

1948 Die jüdischen Milizen Haganah und Irgun erobern Jaffa und vertreiben einen Großteil der arabischen Bevölkerung.

024tv Abb.: dk

Jaffa wird mit der ehemaligen Vorstadt administrativ verbunden, die Stadtkombination erhält den Namen Tel Aviv-Yafo.

1949 Die israelische Regierung zieht nach Westjerusalem um, Tel Aviv wird zum kommerziellen Zentrum des Landes.

ab 1960 Viele alte Gebäude werden abgerissen, um die ersten Hochhäuser wie den Shalom Meir Tower 8 bauen zu können.

ab 1970 verstärkter Zuzug sowjetischer Juden

1975–1980 Die Mietpreise steigen dramatisch, immer mehr Menschen ziehen in die billigeren Randgebiete. Die Bevölkerungszahl nimmt um etwa 70.000 ab.

ab 1980 Ausländische Botschaften ziehen aus Protest gegen das sog. Jerusalemgesetz von Jerusalem nach Tel Aviv. Die Stadt wird damit de facto die „diplomatische Hauptstadt" des Landes.

ab 1990 Nach dem Zusammenbruch des Ostblocks kommen knapp eine Million Neueinwanderer ins Land. Viele ziehen in den Großraum von Tel Aviv.

1991 Während des Ersten Golfkriegs wird Tel Aviv Opfer mehrerer Scud-Angriffe aus dem Irak.

ab 1994 Im Zuge der Ersten Intifada – dem palästinensischen Volksaufstand gegen Israel – finden zahlreiche terroristische Anschläge in der Stadt statt.

1995 Yitzhak Rabin wird bei einer Friedenskundgebung vor dem Tel Aviver Rathaus erschossen.

2000–2006 Während der Zweiten Intifada leidet Tel Aviv erneut unter Selbstmordattentaten.

2005–2010 Verstärktes Interesse europäischer Juden an Immobilien in Israel.

2009 Tel Aviv feiert sein 100-jähriges Jubiläum.

2008–2012 Tel Aviv leidet unter der internationalen Wirtschaftskrise. Die Lebenshaltungskosten und die Immobilienpreise steigen dramatisch an.

2014 Afrikanische Flüchtlinge demonstrieren für mehr Rechte und Möglichkeiten, legal in Israel zu bleiben. Im Zentrum entstehen zahlreiche neue Bauprojekte.

Leben in der Stadt

„Wenn ihr wollt, ist es kein Märchen!“, ist der Untertitel von Theodor Herzls (1860–1904) utopischem Roman „Altneuland“ (1902), in dem er ein idealistisches Bild eines künftigen Judenstaates entwirft. In der hebräischen Übersetzung von Nahum Sokolow (1859–1936) heißt das Buch „Tel Aviv“ (Hebräisch für „Frühlingshügel“), und dieser Name inspirierte die Namensgebung der 1909 neu gegründeten Stadt.

Im **politischen Sinne** ist Tel Aviv äußerst wichtig, so richteten die meisten Länder hier nach der Staatsgründung Israels ihre **Botschaften** ein, da der Status Jerusalems gemäß den Teilungsbeschlüssen der UN als unklar galt. Der israelische **Nachrichtendienst Mossad** hat hier seinen Hauptsitz, ebenso das Verteidigungsministerium und zahlreiche militärische Einrichtungen.

In Sachen **Bildung** ist Tel Aviv ebenfalls das Epizentrum des Landes: Die Universität Tel Aviv, die größte in Israel, befindet sich in Ramat Aviv und die zweite Universität im Großraum ist die Bar-Ilan-Universität in Ramat Gan. Zusammen haben beide mehr als 50.000 Studenten. Doch nicht genug damit: Der Großraum Tel Aviv ist die **reichste und leistungsfähigste Region** Israels mit der größten Dichte an Unternehmen des Dienstleistungs- und Finanzsektors, Banken, der einzigen Wertpapierbörse des Landes (Tel Aviv Stock Exchange), einer der bedeutendsten Diamantenbörsen weltweit, aber auch **Forschungs-, Entwicklungs-** und **Hightech-Betrieben,** die im internationalen Vergleich zu den besten zählen. Bereits in den 1990er-Jahren galt die Stadt, die in Anlehnung an das kalifornische Pendant gern **Silicon Wadi** (*Wadi* ist Arabisch für „Tal“) genannt wird, als einer der zehn einflussreichsten Standorte der Technologiebranche und durch den enormen Aufschwung der letzten Jahre hat sich die Position sogar noch verstärkt. Nach Kairo und Teheran ist sie im Bezug auf das Bruttosozialprodukt der **drittstärkste Wirtschaftsstandort** im Nahen Osten und gilt in der Region als einer der wichtigsten Stützpunkte für internationale Konzerne.

Durch seine zentrale Lage stellt Tel Aviv mit dem **Flughafen Ben-Gurion,** den Bahn- und Busbahnhöfen – das mehrstöckige Gebäude der Firma Egged gilt als zweitgrößter Busbahnhof der Welt – und dem Autobahnknotenpunkt außerdem eine der **bedeutsamsten Verkehrsdrehscheiben Israels** dar. Zwar beschert all das der Stadt ein **milliardenschweres Wirtschaftsvolumen,** aber dadurch auch eine sehr einseitige Ausrichtung. Infolge der **Finanzkrisen** von 2008 bis 2012 sanken die Steuererträge auch in Tel Aviv, die **Immobilien-, Benzin- und Lebenshaltungskosten** stiegen dramatisch bis in Sphären, die man aus Manhattan kennt und machten die Stadt damit zu einer der teuersten weltweit. Dennoch: Tel Aviv ist lebenswert und erreicht auf der Rangliste internationaler Großstädte mit der **höchsten Lebensqualität** immer einen der vorderen Plätze. Glaubt man den Umfragen, so ist die Stadt die begehrteste (Wunsch-)Heimat der meisten Israelis. Dies gilt im Besonderen auch für viele Bürger, die ihre Wurzeln nicht in Israel haben und im Zuge der **Aliyah** genannten Einwanderung für Juden „zurück“ ins Heilige Land gekommen sind. Kein Wunder, dass man dadurch Tel Aviv getrost als kosmopolitischen **„Melting Pot“,** ja als „Karneval der Gegensätze" bezeichnen kann, wo Einflüsse der verschiedensten Nationen zusammenkommen und zu einem **bunten Potpourri** verschmelzen.

Die Realität ist aber leider auch, dass die Stadt höchst verletzlich ist. Die zahlreichen Anschläge während der **Zweiten Intifada** (2000–2005) machten dies erneut deutlich. Und auch wenn die freidenkerische, ja liberale, aus der Tiefe des **Tel Aviver Lebensgefühls** gewachsene Weltanschauung, in der jeder so sein darf, wie er möchte, gerade das Besondere an der „Big Orange" genannten Stadt ausmacht, so dürfte Theodor Herzls eingangs erwähntes Zitat eine immer noch – wenn auch anfangs so nicht gemeinte – aktuelle Botschaft in sich bergen: Zwar ist das Leben in Tel Aviv bis heute kein Märchen, doch mag ein ausgelassener Tag am Strand oder eine wilde Clubbing-Nacht diese Feststellung widerlegen, denn wenn man etwas besonders gut kann in Tel Aviv, dann ist es leben!

Tel Aviv – eine Welt für sich?

Der Nahe Osten ist seit der Wirtschaftskrise und den Aufständen des Arabischen Frühlings polarisiert wie lange nicht mehr. Doch wie reagiert man in Israels zweitgrößter Stadt auf die Veränderungen? „Tisrom achi, tisrom!" („Fließe, Bruder, fließe!"), hörte ich immer wieder von Freunden und Verwandten während meiner Aufenthalte in Tel Aviv und wohl kein anderes Verb könnte die Lebensweisheit der Tel Avivim besser erfassen als dieses „tisrom", das soviel wie „mit dem Strom" schwimmen bedeutet.

Wer hier nicht ein wenig **Flexibilität** an den Tag legt, der wird unweigerlich anecken, denn es läuft in Tel Aviv eben gar nicht so wie in den meisten anderen Orten Israels und der Welt. Die Stadt entstand – entgegen allen Kritikern, die sie als **Utopie** bezeichneten – vor gerade mal 100 Jahren **auf Sanddünen**, aus der Notwendigkeit heraus, eine unabhängige jüdische Siedlung jenseits der arabischen Wohngebiete gründen zu müssen, denn gut gesonnen war man den neuen jüdischen Einwanderern von Anfang an nicht. In den über 60 Jahren seit der Unabhängigkeit Israels blieb und bleibt Tel Aviv, genau wie der Rest des Landes, in einer **Dauerhabachtstellung**, umgeben von Gegnern, von einem Großteil der Weltgemeinschaft geächtet, und schaut doch voller Elan und Zuversicht in die **Zukunft.**

Während das nicht mal 60 km entfernte Jerusalem den **Brennpunkt** des

065tv Abb.: dk

☒ *Surfen statt Shabbat: Persönlicher Freiraum ist vielen Tel Avivim wichtiger als Religiösität*

Tel Aviv – eine Welt für sich?

Nahostkonflikts darstellt, hat man in Tel Aviv oftmals das Gefühl, in einem anderen Universum zu leben. Den Tel Avivim wird von anderen Israelis **Sorglosigkeit** und **Politikverdrossenheit** vorgeworfen, ja es fehle ihnen **eine ernsthafte Identität.** Sie sagen, dass man hier in einer **Blase** lebe, in der selbst in Zeiten politischer Krisen, während im Land Kurzstreckenraketen einschlagen oder sich Terroristen samt Unschuldigen in die Luft sprengen, in den Cafés und Klubs das **pure Leben** auf eine geradezu naive Weise pulsiert. Das ist schon möglich, doch es ist auch genau hier, wo es immer wieder zu friedlichen Proteste gegen die enormen Preiserhöhungen für Lebensmittel (allen voran der beliebte Hüttenkäse), Benzin, Mieten und Immobilien kommt. Für viele junge Tel Avivim haben diese Proteste aber einen noch viel stärkeren **symbolischen Charakter**, handelt es sich doch um innenpolitisch motivierte, „normale" Demonstrationen ohne die palästinensische Komponente und das Damoklesschwert eines möglichen Konflikts mit dem Ausland.

Geändert hat sich seither allerdings wenig. Bis heute ist die **Verteuerung** eines der größten Probleme der Stadt. So stiegen die **Immobilienpreise** in den letzten zehn Jahren in teilweise astronomische Höhen, nicht zuletzt durch eine starke Nachfrage von Juden aus dem Ausland – allen voran aus Frankreich –, und der **Wohnraum** wird in der ohnedies aus allen Nähten platzenden Stadt immer geringer. Speziell junge Menschen können sich kaum mehr eine eigene Wohnung leisten und wer finanziell „bestehen" möchte, benötigt nicht selten mindestens zwei Jobs.

Auch der öffentliche Nahverkehr ist seit Langem ein beliebtes Diskussionsthema unter den Einwohnern der Stadt. Seit mehr als 25 Jahren plant die Stadtverwaltung den Bau einer **U-Bahn**, doch – so scherzt man gerne – die Umsetzung der Pläne vor dem Eintreffen des Messias scheint wohl eher unwahrscheinlich. Die Realität ist folglich, dass die Tel Avivim auf ein relativ **uneffizientes** und **komplett überlastetes Bussystem** angewiesen sind und die **Parkplatzsituation** mindestens als katastrophal bezeichnet werden kann. Gott sei Dank gibt es da noch das Fahrrad, den Scooter oder selbst die Rollerblades.

Apropos Gott: Tel Aviv ist die **weltlichste** Stadt Israels, Religiosität ist hier eine Sache einer Minderheit und radikale politische Meinungen sind definitiv fehl am Platz. Die Stadt hat eine vorrangig **pazifistisch-linksliberal** eingestellte Bevölkerung, man deklariert sich als *gay friendly* und distanziert sich ganz deutlich von den Ultranationalen. **Religiöser Fanatismus** oder gar eine Beeinträchtigung des persönlichen Freiraums durch religiöse Gesetze und Regeln werden strikt abgelehnt, sodass die Stadt von Seiten der **Orthodoxen** gerne als „gottlos" dämonisiert wird. Während dies noch vor wenigen Jahren undenkbar gewesen wäre, überlegt man heute öffentlich, den Busverkehr in Tel Aviv auch am Shabbat einzuführen und homosexuellen Pärchen mehr Rechte einzuräumen. Wer koscher essen möchte, hat es bereits jetzt nicht besonders leicht.

Ja es stimmt schon, irgendwie ist die kleine Schwester des schwerfälligen Jerusalem eben doch ganz anders und wer es **„fließend"** angeht, der wird in Tel Aviv keine Probleme haben. Ab und zu sollte man sich aber in Erinnerung rufen, dass man hier im Nahen Osten ist.

Tel Aviv entdecken

025tv Abb.: dk

Erlebenswertes im Zentrum

Das Zentrum Tel Avivs erstreckt sich im Wesentlichen im Umkreis des Kikar Dizengoff ❶ mit den angrenzenden Straßenzügen wie der Rehov Meir Dizengoff ❷, der Rehov HaMelekh George V. ❹ und der Rehov Ben-Yehuda. Wer nur einen Tag in der Stadt weilt, der bekommt hier, wenige Meter von der Tayelet ❼ genannten Strandpromenade, zumindest shoppingtechnisch all das geboten, was man braucht, um mitreden zu können. Und wer über den Karmel-Markt ❻ schlendert, ist nicht nur geografisch, sondern auch von der Atmosphäre her im Orient angekommen und hat sich danach eine kühle Erfrischung an einem der herrlichen, goldschimmernden Sandstrände entlang der Tayelet verdient. Denn mal ehrlich, in welcher anderen Metropole kann man sich in wenigen Minuten von einer Museums-, Kneipen- oder Shoppingtour ganz entspannt am Strand ausruhen?

❶ Kikar Dizengoff ★★ [D6]

כיכר דיזנגוף

Ob der Kikar („Platz") Dizengoff nach dem ersten Bürgermeister der Stadt oder nach dessen Ehefrau benannt wurde, ist nicht ganz genau gesichert, dass er das Zentrum Tel Avivs und somit den perfekten Nullpunkt einer Stadterkundung bildet, steht hingegen 100 % fest.

Tel Aviv entstand Anfang des 19. Jahrhunderts, deshalb verwundert es nicht, dass in der Stadt ein historisch gewachsenes Zentrum, wie man es in anderen (orientalischen) Städten findet, fehlt. Der Kikar Dizengoff gilt für die meisten Bewohner als **Inbegriff des Stadtzentrums** und besteht aus einer erhöhten Fußgängerebene, unter der sich die Fahrbahnen der Rehov Meir Dizengoff ❷ mit der Rehov Pinsker kreuzen. Dies ist jedoch erst seit 1970 so, denn vorher gab es hier einen Hauptplatz im klassischen Sinn mit Springbrunnen und Bänken. Bis heute streiten sich die Tel Avivim, ob man dem Platz nicht wieder seine alte Form zurückgeben soll. Es ist aber fraglich, ob dies verkehrstechnisch machbar wäre, abgesehen davon, dass auch die zahlreichen Skateboarder eine neue Location finden müssten.

Benannt wurde der Platz vermutlich nach der **Gattin von Tel Avivs erstem Bürgermeister**, dem aus Bessarabien stammenden Ingenieur und Kaufmann Meir Dizengoff (1861–1936). Er leitet von 1921 – nachdem Tel Aviv zur Stadt erklärt worden war – bis zu seinem Tod (mit einer Unterbrechung von 1925 bis 1928) im höchsten Amt der Stadtverwaltung die urbane Entwicklung. In seiner Regierungszeit stieg die Bevölkerung von 46.000 auf fast 150.000 Einwohner und Tel Aviv wurde zu einer der größten Städte des Landes und dessen kulturelles Zentrum.

Willkommen im Zentrum: das Dizengoff Center (s. S. 15) in der Rehov Meir Dizengoff

Vorseite: Verlaufen unmöglich – Tel Aviv ist ausreichend beschildert

Der 1986 von Yaacov Agam geschaffene, computergesteuerte **Licht-und-Feuer-Brunnen** auf dem Kikar Dizengoff bietet zur vollen Stunde illuminierte und musikalisch untermalte Wasser- und Feuerspiele. Im westlichen Teil des auch **Kikar Tsina** (Tsina war der Vorname von Dizengoffs Ehefrau) genannten Platzes weist eine Tafel auf die **Städtefreundschaft** Tel Avivs mit **Frankfurt am Main** und die Verbindung der beiden Universitäten hin, denn der Platz wie auch der Brunnen wurden von dem aus Polen stammenden und in Frankfurt ansässigen Investor Josef Buchmann finanziert.

Im Osten wird der Kikar Dizengoff von zwei hübschen **Bauhaus-Gebäuden** flankiert, in denen sich das Center Chic Hotel (s. S. 119) und das Cinema Hotel (s. S. 119) befinden. Am nordöstlichen Ende des Platzes befindet sich das große **Multiplexkino Rav-Hen** (s. S. 35), in dem auch Filme auf Englisch auf dem Programm stehen und dahinter hat sich das auch für Besucher aufschlussreiche **Kabbalah Centre** angesiedelt, in dem man einen Einblick in die jüdische Mystik bekommt.

Jeden Dienstag und Freitag findet im Umkreis des Kikar Dizengoff ein erlebenswerter kleiner **Flohmarkt** (s. S. 19) statt, auf dem man mit etwas Glück so manch ausgefallenes Mitbringsel finden kann. In der näheren Umgebung befinden sich zudem reichlich **Cafés, Restaurants** und **Kneipen** wie das nette La-Shuk am südöstlichen Zipfel des Platzes, sodass auch nach Geschäftsschluss das gesamte Viertel bis in die frühen Morgenstunden belebt bleibt.

› Haltestelle Kikar Dizengoff, Bus 5, 39, 72, 129, 172
› Kabalah Centre, 14 Ben-Ami St., Tel. 03 5266800, www.kabbalah.com

026tv Abb.: dk

2 Rehov Meir Dizengoff ★★★ [D6]

רחוב מאיר דיזנגוף

Als größte und bekannteste Einkaufsstraße Tel Avivs sind die Rehov Meir Dizengoff und das ihr angeschlossene Einkaufszentrum, das beliebte Dizengoff Center (s. S. 15), der perfekte Ort für einen entspannten Schaufensterbummel oder auch olympisches Hardcoreshopping. Menschen aller sozialen Schichten und Altersgruppen lieben es, die Straße auf und ab zu flanieren und wegen dieser lebendigen Atmosphäre kann ein Besuch auch potenziellen Shoppingmuffeln empfohlen werden.

Mit einer Vielzahl an hippen Modetempeln, schicken Boutiquen, angesagten Parfümerien, allerlei ausgeflippten Geschäften, gemütlichen Stöberlädchen und einer großen Menge an Cafés, cool gestylten Lokalen, Imbissbuden, Schnellrestaurants und Eissalons bietet die Rehov Meir Dizengoff praktisch alles, was der anspruchsvolle Shoppingfan begehrt. Sie stellt seit vielen Jahrzehnten eine der **umsatzstärksten Einkaufsstraßen Israels** dar, ist dabei aber nicht nur dem „Big Consumer Business" verfallen, sondern bietet durchaus auch alternatives Einkaufsambiente.

Die breite, allerdings auch **viel befahrene Straße** bildet eine Süd-Nord-Achse und führt am gewaltigen **Dizengoff Center** vorbei, einem der beliebtesten Shoppingcenter der Stadt mit zahlreichen Flagshipstores großer Modeketten, Elektronikgeschäften, renommierten Kauf- und Warenhäusern sowie einem Supermarkt und sogar einem Schwimmbad. Ab hier erstreckt sie sich in Richtung Norden bis zum Kikar Plumer, wo die Ben-Yehuda-Brücke über den Yarkon-Fluss führt. Für „normalsterbliche" Shopper interessant ist die Straße allerdings speziell auf den ersten 1,4 Kilometern bis zur Kreuzung mit der Rehov Arlozorov [C4], denn nördlich davon mutiert sie zur exklusiven Einkaufsmeile, auf der nicht nur das Angebot an **edlen Designergeschäften** atemberaubend ist, sondern auch deren Preise. Wer es sich leisten kann, wird auch östlich auf der Rehov Basel und der anschließenden Rehov Ashtori HaParchi fündig.

Wem Shopping auf die Dauer zu profan ist oder wer sich vom Einkaufsstress erholen muss, der sollte sich **gegen Abend** auf die Gegend um die Kreuzung mit der Sderot Ben-Gurion 21 konzentrieren, denn hier versammeln sich zahlreiche **junge Leute** auf ein erfrischendes Getränk oder zum Essen, z.B. im Goocha (s.S.26), einem Kleinod für Fans von Fischgerichten.

› Haltestellen Jabotinsky oder Dizengoff Center, Bus 5, 22, 39, 61, 72, 90, 129

3 Kikar Bialik ★★ [C7]

כיכר ביאליק

Wer dem Trubel entfliehen möchte oder sich nach Kultur sehnt, der sollte südwestlich des Dizengoff Centers (s.S.15) über die Rehov Tchernihovski bis zum **Kikar Bialik** laufen. Dieses vor ein paar Jahren neu gestaltete Plätzchen mit seinen **stilvoll restaurierten Häusern** ist ein Kleinod. Hier befinden sich außerdem das **Bialik House** (s.S.38), ein Museum über das Leben und Schaffen des großen israelischen Dichters Chaim Nachman Bialik, das **Rubin Museum** (s.S.42) mit Bildern und Zeichnungen des international bekannten Malers Reuven Rubin, und das **Beit Ha'ir** (s.S.38), also das ehemalige Rathaus, in dem heute eine Dauerausstellung über die Entstehung Tel Avivs beheimatet ist. Das **Felicja Blumental Music Center and Library** (s.S.37) ist eine Art Begegnungsstätte für Musikliebhaber und etwas versetzt dahinter befindet sich das Kartenbüro des **Yiddishpiel-Theaters** (s.S.115), Israels erfolgreichster jiddischsprachiger Theatergruppe.

Vom Kikar Bialik führt einen die Rehov Idelson nach Westen bis auf die etwa 2,8 Kilometer lange, nach Norden mehr oder weniger parallel zur Rehov Meir Dizengoff 2 verlaufende, viel befahrene **Rehov Ben-Yehuda**, die knapp unterhalb des Yarkon-Ufers endet. Sie ist eine der **geschäftigsten Straßen der Stadt**, denn an ihr und in den sich östlich und westlich anschließenden Sträßchen befinden sich eine Vielzahl von Banken und Geldwechselstuben, die Niederlassungen zahlreicher Fluggesellschaften, Reisebüros, aber auch Supermärkte, Apotheken, Souvenirläden und Geschäfte, die Judaica-Artikel im Angebot haben. **Baulich** ist die Straße definitiv **keine Augenweide,** doch etwa ab der Kreuzung mit der Rehov Gordon besticht sie gerade durch ihre urbane Einfachheit und die vielen Eisdielen, Restaurants und Kaffeehäuser, darunter auch das Benedict (s. S. 28), in dem es 24 Stunden lang Frühstück in allen Farben und Facetten gibt. Ein touristisches Highlight ist die Rehov Ben-Yehuda nicht, aber eine praktische Anlaufstelle für Neuankömmlinge, die z. B. ihren Rückflug umbuchen müssen oder zu besseren Konditionen als am Flughafen noch ein paar Schekel wechseln wollen.

Benannt wurde die Straße nach **Elieser Ben-Yehuda** (1858–1922), einem aus Russland stammenden Journalisten, Sprachwissenschaftler und Autor des ersten modernen hebräischen Wörterbuchs. Er gilt als die wichtigste Kraft bei der Entwicklung und Verbreitung des modernen *Ivrit* (Hebräisch) als gesprochene Sprache, umso mehr erstaunt es, dass gerade im südlichen Teil der Straße auffallend viel **Russisch** gesprochen wird. Die südliche Verlängerung der Rehov Ben-Yehuda bildet die **Rehov Allenby** [C8], über die man in den Südosten Tel Avivs gelangt.

› Haltestelle Allenby/Bialik, Bus 4, 104, 161, 204

4 Rehov HaMelekh George V. ★ [D7]

רחוב המלך ג'ורג' החמישי

Nicht nur den Einheimischen mag manchmal die Rehov Meir Dizengoff 2 zu teuer und das Dizengoff Center (s. S. 15) zu überlaufen sein. Glücklicherweise gibt es da aber noch die orientalisch anmutende Einkaufsstraße Rehov HaMelekh George V.

König George V. (1865–1935) war der amtierende Monarch während des sog. **British Mandate for Palestine** (1920–1948), also der Zeit, in der das Vereinigte Königreich im heutigen Israel eine Protektoratszone errichtete und somit nach dem Zusammenbruch des Osmanischen Reiches (wenn auch nicht ganz freiwillig) den Grundstein zur Ausrufung des **jüdischen Staates** schuf. Ab dem Dizengoff Center verläuft die nach ihm benannte Rehov HaMelekh George V. (meist nur als Rehov King George bezeichnet) in südwestlicher Richtung. Auf den ersten Metern ist sie noch eine relativ elegant wirkende Geschäftsstraße mit Cafés und Shops – darunter dem einmalig gut sortierten **The Third Ear** (s. S. 18), einem Mekka in Sachen Musik und Film – und dem aufschlussreichen **Etzel Museum** 5 bzw. dem dazugehörigen **Jabotinsky Institut,** das einen äußerst spannenden Einblick in die Aktivitäten der Untergrundorganisation Irgun Tzvai Leumi gibt. Südlich des Museums wird die Straße jedoch zunehmend zu einem **quirligen Geschäftsviertel** mit einer schier unermesslichen Anzahl an Boutiquen mit allerdings nicht besonders hochwertiger Mode, Modeaccessoires, Unterwäsche, aber auch Schuhgeschäften, allerlei Ramschläden sowie Kosmetik- und Haushaltsartikelshops. Zwar mögen potenzielle Shopper hier ihre Schwierigkeiten haben, bei der angebotenen Ware die Spreu vom Weizen zu trennen, doch es ist v. a. die Atmosphäre, die diese Gegend auf eine ganz besondere Art und Weise erfrischend lebendig macht.

Den Höhepunkt der ganzen Gegend bildet der wuselige **Bezalel-Textilmarkt** (s. S. 19), aber wer keine Lust auf Feilschen und Gedränge hat, der findet im Park **Gan Meir** (s. S. 44) östlich der Rehov HaMelekh George V. die nötige Entspannung – vorausgesetzt man hält sich nicht in unmittelbarer Nähe des **Hundebereichs** auf. Das **Café Landwer** (s. S. 114) inmitten des Parks ist wundervoll zum Relaxen geeignet und wer den Sauerstoff- und Koffeinhaushalt wieder aufgefrischt hat, kann über die östlich der Rehov HaMelekh George V. laufende, ruhigere Parallelstraße Rehov Tchernihovski in Richtung Süden gehen. **Hungrige Mägen** werden im französischen Café-Bistro **Tchernihovski 6** (s. S. 26) sicher nicht enttäuscht. Unkonventioneller geht es bei **Banin Jonny** (s. S. 29) zu, wo es Hummus gibt, oder bei **Sabich** (selbes Gebäude wie Banin Jonny), wo die gleichnamigen irakischen Sandwichs im Angebot sind.

› Haltestelle King George, Bus 14, 18, 24, 25, 38, 47, 48, 61, 72

5 Etzel Museum und Jabotinsky Institute ★★ [D7]

מוזיאון האצ"ל ומכון ז'בוטינסקי

Das Etzel Museum beschäftigt sich mit der Entstehungsgeschichte und den Aktivitäten der Untergrundorganisation Irgun Tzvai Leumi, Etzel genannt, die in den ersten Jahrzehnten des 20. Jahrhunderts einen erbitterten Kampf für die Entstehung eines jüdischen Staates gegen Briten und Araber führte und im dazugehörigen Jabotinsky Institute kann man sich über das Leben des Oberkommandierenden der Etzel, Ze'ev Jabotinsky, und dessen zionistische Beweggründe informieren.

Wenn auch die Entstehungsgeschichte der Irgun Tzvai Leumi („Nationale Militärorganisation") für Nicht-Israelis zunächst nicht übermäßig

Die Wiederentdeckung einer uralten Sprache

Hebräisch *– im Original* עברית *(„Ivrit") – gehört zur kanaanäischen Gruppe des Nordwestsemitischen und ist eng mit dem Aramäischen und Arabischen verwandt. Es bildet die heilige Sprache der Juden, so wurde der Tanach – die heilige Schrift – im Laufe des 1. Jahrtausends v. Chr. überwiegend auf Hebräisch verfasst.*

Nach der Zerstörung des Zweiten Tempels zu Jerusalem im Jahre 70 n. Chr. verlagerte sich das Zentrum jüdischen Lebens von Judäa nach Galiläa und ins Exil. Bereits 130 Jahre später hörte Hebräisch daher auf, als Alltagssprache zu fungieren, blieb jedoch bis in die Neuzeit eine ***Sakralsprache*** *– v. a. für das tägliche Gebet und das Studium der Thora –, die jedoch nie ausschließlich zu liturgischen Zwecken benutzt wurde, sondern auch zur Abfassung von juristischen, medizinischen, philosophischen und poetischen Texten. Mit dem Aufkommen des zionistischen Gedankens (s. S. 52) wurde es schnell notwendig, eine gemeinsame, alle Juden einende „Muttersprache" zu konzipieren und in diesem Geiste gründete Elieser Ben-Yehuda 1889 in Jerusalem den „Rat der Hebräischen Sprache". Er war Vorläufer der immer noch existenten Akademie für die Hebräische Sprache und verfolgte das Ziel, die seit etwa 1700 Jahren kaum mehr gesprochene Sprache der Bibel wiederzubeleben. Auf diesem Wege entstand das* ***Neuhebräische.***

interessant erscheint, so finden im **Etzel Museum** sicher nicht nur Geschichtsfans wissenswerte Informationen über die Jahre vor der Unabhängigkeitserklärung des **jüdischen Staates** im Jahre 1948. Die **Dauerausstellung** im Unter- und Erdgeschoss des Museums ist didaktisch gut aufbereitet und beinhaltet neben einer Vielzahl an historischen Fotos, Presseartikeln und Landkarten auch viele Gegenstände der ehemaligen Freiheitskämpfer, darunter persönliche Dinge, aber natürlich auch Schusswaffen, Granaten und selbst gebaute Bomben. Als Einführung ins Thema eignet sich der etwa 20-minütige **Film**, der im Untergeschoß auf Anfrage (auf Englisch) gezeigt wird.

Im ersten Stock des Gebäudes befindet sich außerdem das **Jabotinsky Institute**, das sich dem Leben und Schaffen von **Ze'ev Jabotinsky** (1880–1940) widmet. Der aus Odessa stammende Poet und Schriftsteller war sein Leben lang ein **eingefleischter Zionist** und unermüdlich in seinem Streben, möglichst viele Juden zu überzeugen, die Diaspora zugunsten eines Lebens in **Eretz Israel** (Eretz heißt „Land") aufzugeben. Interessanterweise schien er sehr klar die Geschehnisse des **Holocausts** vorauszusehen und verstand schnell, dass ein rein pazifistischer Weg auf Dauer nicht ausreichen würde, die Juden vor dem international wachsenden **Antisemitismus** zu bewahren. Er plädierte daher als einer der Ersten für eine **Bewaffnung** und wurde Gründer der Jüdischen Legion *(Jewish Bataillon)*, die den Briten im Ersten Weltkrieg unterstand. Auch im Institut warten **zwei informative Filme** auf den Besucher: Der eine beschäftigt sich mit dem Leben Ze'ev Jabotinskys, der andere mit der Israelreise eines von zahlreichen Schiffen mit **illegalen Einwanderern**, die während des Zweiten Weltkriegs unerkannt durch die britische Seeblockade gelangen mussten.

Etzel Museum und Jabotinsky Institute (Besuchszeit zusammen ca. 90 Minuten) tragen klar **nationalistische Züge** und viele Erklärungen sind auf Englisch weit kürzer gefasst als ihre hebräischen Entsprechungen, doch das ändert nichts an dem deutlich gezeichneten Bild einer Zeit, in der die Gründung eines jüdischen Staates für die Mehrheit der Weltgemeinschaft nur eine **Utopie** war.

› 38 Rehov HaMelekh George V., Haltestelle Beit Jabotinsky/King George, Bus 14, 18, 24, 25, 38, 47, 48, 61, 72, Tel. 03 5284001 oder 03 5251387, So–Do 8–16 und Fr 8.30–12 Uhr, Eintritt (beide Museen) 15 NIS, ermäßigt 10 NIS

057tv Abb.: dk

☒ *Einblicke in die Schlacht um Jaffa bietet das Museum of the I.Z.L. (s. S. 41)*

6 Shuk HaKarmel ★★★ [C8]

שוק הכרמל

Willkommen auf dem Karmel-Markt, Tel Avivs hedonistischem Einkaufsparadies! Ob zum Feilschen oder zum Erkunden der lebendigen und doch entspannten Atmosphäre, man kann dieser Gegend eine gewisse „urbane Exotik“ nicht absprechen.

Wer bis jetzt orientalisches Flair vermisst hat, der wird einen Besuch von Tel Avivs größtem und wichtigstem Markt nicht bereuen. Der **Shuk HaKarmel** ist ein quirliges Sammelsurium aus Obst-, Gemüse-, Backwaren-, Fleisch- und Fischgeschäften, die zusammen mit Gewürzständen, Blumenverkäufern und allerlei anderen Läden dicht aneinander ihre Waren feilbieten. Die meisten Geschäfte haben Sonntag bis Donnerstag von 7 bis 18 Uhr und freitags bis 16 Uhr geöffnet, samstags bleibt der Markt geschlossen.

Neben dem **bunten Völkergemisch** fällt speziell das breite Angebot an **typisch israelischen Produkten** auf und somit eignet sich ein Besuch des Marktes durchaus auch für Souvenir- und Geschenkjäger. Ob morgens, mittags oder gegen Nachmittag – aber ganz besonders kurz vor Shabbat-Beginn – es ist eine wahre Freude durch die Gassen des Marktes zu laufen, die fremden Gerüche wahrzunehmen und das bunte Treiben zu studieren. Kurzum: Wer das **echte Tel Aviv** sucht, der darf den Karmel-Markt keinesfalls verpassen.

Aus dem Untergrund gegen das Empire

*Nachdem der britische Feldmarschall **Viscount Allenby** am 16. November Jaffa und am 9. Dezember 1917 Jerusalem eroberte und damit nach 400 Jahren das Ende der osmanischen Herrschaft einläutete, sah es für kurze Zeit so aus, als ob die in der Balfour-Deklaration versprochene „nationale Heimstätte für das jüdische Volk in Palästina“ unter Schutz des Empire Wahrheit werden sollte und in der Folge kam es zu massiven jüdischen Einwanderungen nach Palästina.*

*Doch die **arabischen Unruhen** vom April 1920 in der Jerusalemer Altstadt und vom Mai 1921 in Jaffa machten den Juden schnell klar, dass ihre Sicherheit einzig und allein durch die Briten nicht gewährleistet werden konnte. Man gründete deshalb noch im selben Jahr die **HaHaganah** („Die Verteidigung“), die ihre Milizionäre aus dem Jewish Bataillon rekrutierte, das im Ersten Weltkrieg für die Briten gekämpft hatte, und deren Aufgabe in erster Linie der Schutz der jüdischen Siedlungen war. Als die **britische Mandatsmacht** jedoch zunehmend die jüdische Einwanderung blockierte, richteten sich Teile der HaHaganah auch gegen sie.*

*Aus Unzufriedenheit mit der insgesamt eher moderaten Haltung spalteten sich 1931 die meisten Mitglieder des rechten Flügels der HaHaganah ab und bildeten die **Irgun Tzvai Leumi,** die durch ihre geheimen, meist radikalen Missionen bekannt wurde. Unmittelbar nach der Gründung des Staates Israel wurde die HaHaganah in die israelischen Streitkräfte überführt, die Irgun Tzvai Leumi hingegen wurde – häufig gewaltsam – von dieser entwaffnet.*

Und bei Magenknurren? Der Markt bietet auch eine große Auswahl an **Gastronomiebetrieben**, vorrangig mit einfacher, aber dafür 100 % einheimischer Küche. Ein verlässliches Restaurant in Marktnähe ist das **Ha-Mitbachon** (s. S. 27) und man findet ein paar Meter weiter westlich im **Viertel der Jemeniten** (s. S. 67) viele weitere.

Wem das Gewirr auf der nicht mal 500 m langen Marktstraße zu groß ist, der kann in die schmalen Seitengassen westlich der **Rehov HaKarmel** ausweichen, denn hier geht es zwar gemütlicher, aber ebenso authentisch zu! Wem hingegen das ganze orientalische Flair fürs Erste reicht, der kann in die ruhige **Rehov Sheinkin** nordöstlich des Marktes einbiegen. Dort finden sich nette Boutiquen, relaxte Cafés und auch so manch lukullisches Highlight.

› Rehov Allenby, Haltestelle Allenby/Bialik, Bus 4, 104, 161, 204

Nahezu parallel zum Karmel-Markt verläuft die Fußgängerzone **Rehov Nachalat Binyamin** [D8/9]. Die Gegend um die Straße ist das **Kurzwaren- und Textilviertel** der Stadt. Normalerweise sind neben einigen **hübschen Gebäuden** – achten sollte man besonders auf die Hausnummern 8 (Degel House), 13 (Levy House) und 16 (Rosenberg House) – die bunten Stoffballen die einzigen „Opfer" für den Fotoapparat, dienstags und freitags zwischen 10 und 19 Uhr wird jedoch die gesamte Gegend zu einer Art **Open-Air-Festival für Kunsthandwerk** (s. S. 19) und **Straßenperformances.** Dann kann man hier an den Ständen entlangbummeln, auf denen nicht nur Souvenirjäger fündig werden dürften. Ob kunstvoll gearbeitete Keramiken, Malerei, Holzspielzeug,

Das Viertel der Jemeniten

Westlich des Shuk HaKarmel ❻ *erstreckt sich das* ***Kerem HaTemanim,*** *das „Viertel der Jemeniten". Ab 1880 verschlug es immer wieder jemenitische Juden („Temanim") ins Gebiet des heutigen Tel Aviv und als es 1947 zu religiös motivierten Pogromen in Aden kam, wurde die Mehrheit von ihnen (etwa 50.000 Menschen) unter dem Decknamen „Operation fliegender Teppich" nach Israel ausgeflogen. In Tel Aviv siedelten sie sich in der Gegend zwischen der Rehov HaKarmel und der Rehov HaKovshim an.*

Heute ist es äußerst erholsam, durch die kleinen Gassen mit ihren niedrigen Häuschen zu schlendern und die Einheimischen lieben Kerem HaTemanim besonders mittags wegen der preiswerten Lokale, die allesamt jüdisch-jemenitische Küche anbieten. Zu den Topadressen gehören:

- **178** *[C8]* ***Halev HaRachav,*** *10 R. Rabbi Akiba. Wunderbar schmeckende Fleischspieße in einem Lokal mit einfachem Interieur.*
- **179** *[C8]* ***Melekh HaMarakim,*** *28 R. Yihye. Spezialisiert auf schmackhafte Suppen und kleine Häppchen.*
- **180** *[C8]* ***Mivgash Rahel,*** *4 R. Malan. Essen wie bei Oma: Ein Blick in die Töpfe und das Menü steht.*
- **181** *[C8]* ***Shlomo ve Doron,*** *29 R. Yishkon. Fraglos die besten Hummus-Variationen des Viertels – unbedingt das mit „Ful" (Bohnenpaste) probieren, himmlisch!*
- **182** *[C8]* ***Tzarum,*** *22 R. Yishkon. In diesem Lokal gibt es die volle Spannbreite der jemenitischen Küche.*

Lederwaren oder Schmuck, auf dem Markt findet sich ein reiches Angebot an Schönem, Hochwertigem und v.a. Ausgefallenem, denn die hier meist selbst verkaufenden Hersteller sind in der Regel äußerst talentiert.

Wer nicht in ausgesprochener Shoppinglaune ist, erfreut sich an den Performancekünstlern, Musikern, Masseuren oder Wahrsagern. Wenn man mit Kindern unterwegs ist, bieten auch die immer wieder auftretenden Clowns und Zauberer Ablenkung. Und natürlich muss man auch in der Rehov Nachalat Binyamin nicht lange suchen, um etwas zu Essen zu finden oder in einem **gemütlichen Café** bei einem Getränk ein paar Sonnenstrahlen zu erhaschen.

› Rehov Ahad Ha'am, Haltestelle Migdal Shalom, Bus 18, 24, 38, 72, 82

7 Tayelet und Tel Aviv Beaches ★★★ [B6]

טיילת וחופים

Keine Frage, die Badestrände gehören definitiv zum Besten, was Tel Aviv zu bieten hat. Ob zum nassen Badespaß, auf ein kühles Getränk zum Sonnenuntergang, zur sportlichen Betätigung oder einfach auf einen entspannten Bummel entlang der Promenade, der etwa 4,5 Kilometer lange Küstenabschnitt zwischen dem Namal 23 im Norden und Jaffa im Süden bietet für jeden etwas.

Zumindest was Spaziergänge angeht, ist die 2007 fertiggestellte **Promenade Tayelet**, die sich praktisch über die gesamte Küstenlinie vom Namal bis nach Jaffa erstreckt, ein echter Zugewinn für Tel Aviv. So ziemlich jeder Besucher der Stadt wird sie früher oder später entdecken und sein eigenes **Lieblingsplätzchen** finden. Die Promenade verläuft entlang der **einzelnen Strandabschnitte** und man tut gut daran, bei einer Begehung den Blick vorrangig aufs Meer zu richten, denn jenseits der parallel verlaufenden, viel befahrenen Retsif Herbert Samuel sind die **Betonklötze,** in denen sich viele der namhaften internationalen Hotels befinden, alles andere als ein anmutiger Anblick.

Die Promenade begeistert praktisch rund um die Uhr Spaziergänger, Jogger, Radfahrer und Hundebesitzer gleichermaßen. Noch mehr ist nur an den allmorgendlich gesäuberten und gepflegten **Stränden** los, an denen praktisch überall **Restaurants, Snackbars** oder mondäne **Cafés** für das leibliche Wohl sorgen. Die Sandstrände erstrecken sich fast über die ganze Länge der Promenade von Norden bis zu der Stelle, an der die von Graffiti verschandelte Ruine des Dolphinariums ins Meer ragt. Ab hier führt die Tayelet durch den **Charles Clore Park** (s.S. 44) an der Felsenküste weiter nach Süden, bis man kurz vor Jaffa nochmals einen kleinen Strand erreicht, der bei Surfern recht beliebt ist. Um die Sicherheit von Schwimmern und anderen Wassersportlern kümmert sich übrigens das Personal der **Rettungsschwimmerstationen** und die vorgelagerten Wellenbrecher machen alle Strände auch für Kinder weitestgehend unge-

Entspannung pur mitten in der City, wie z. B. hier am Gordon Beach (s. S. 70)

fährlich, allerdings gibt es teilweise starke Strömungen.

In Tel Aviv zählt der Wassersport aber eher zu den Nebensachen, man geht vor allem an den Strand, um sich zu zeigen, sonnenzubaden, ein bisschen in den Wellen zu plantschen oder ein wenig zu flirten. Kaum bricht der erste Sonnenstrahl durch die Wolkendecke, bevölkern die Tel Avivim schon ihre Strände, spielen **Matkot**, das israelische Strandtennis, oder man trifft sich zu ausgiebigen **Beachvolleyballturnieren.** Gerade in den Sommermonaten ist es praktisch unmöglich, irgendwo ein **ruhiges Plätzchen** zu finden, und nicht selten mag einem die laute Musik in den Lokalen die Ausruhstimmung etwas vermiesen, doch es ist auf der anderen Seite diese **Lebendigkeit**, die das typische „Tel-Aviv-Flair" ausmacht. Nicht selten finden an der Tayelet auch **Musik-, Folklore-, Tanz- und Theateraufführungen** statt und selbst nach Mitternacht wird hier noch getanzt und geschwommen.

Sieht man vom **Museum of the I.Z.L.** (s. S. 41) ab, gibt es entlang der Tayelet übrigens keine ausgesprochenen Sehenswürdigkeiten und das hat den Vorteil, dass man seine Zeit ganz ungeniert dem *dolce far niente* opfern und eben auch mal ein paar Stunden Tel Aviv Tel Aviv sein lassen kann.

› Retsif Herbert Samuel, Haltestellen Gordon, Frishman oder Ben Yehuda Allenby, Bus 4, 11, 90, 104, 204

Beaches

Auf den ersten Blick mögen sich die Strände entlang der Tayelet nicht sonderlich voneinander unterscheiden, doch wer genauer hinschaut, stellt sehr wohl fest, dass jeder einzelne einen ganz eigenen Charakter und folglich auch eine eigene Klientel hat. Im Folgenden sind die Strände von Norden nach Süden aufgelistet:

★183 [B3] **Mezizim Beach.** Direkt im Süden des Namal 23 und v. a. von jungen Leuten belagert. Gerade am Wochenende sehr voll.

027tv Abb.: dk

★184 [B3] **Nordau Beach.** Der von einer Holzmauer umgebene Strand der orthodoxen Juden, im Wechsel besuchen ihn Männer (montags, mittwochs und freitags) und Frauen (dienstags, donnerstags und sonntags).

★185 [B4] **Hilton Beach.** Unterhalb des Hilton Hotels treffen sich viele Homosexuelle, aber auch Surfer und Hundebesitzer, denn der Hilton Beach ist der einzige, an dem die bellenden Zeitgenossen erlaubt sind.

★186 [B5] **Marina Beach.** Besonders bei Wassersportfanatikern beliebt und im großen Pool des Schwimmklubs (geöffnet tägl. 5–19 Uhr, Tel. 03 5271555, Eintritt ab 45 NIS) kommen auch Salzwasserverächter auf ihre Kosten.

★187 [B6] **Gordon und Frishman Beach.** Diese beiden Strände gehen ineinander über und gelten als die meist frequentierten der Stadt. Sie sind sowohl bei Einheimischen als auch Touristen beliebt. Wegen der vielen Lokale (z. B. dem La La Land, Tel. 03 5293303), Strandliegen- und Sonnenschirmvermieter sowie der hohen Rettungsschwimmerdichte sind diese Strände auch bei Familien mit Kindern geschätzt.

★188 [B7] **Trumpeldor, Yerushalayim und Ge'ula Beach.** Diese Strandabschnitte sind ähnlich wie die Gordon und Frishman Beaches, jedoch etwas ruhiger. Besonders unter Teenies populär.

★189 [B9] **Banana Beach.** Der letzte Abschnitt vor der Ruine des Dolphinariums ist nach der sich hier befindenden Banana Bar benannt und gilt unter jungen Leuten als Partystrand. Im Sommer werden hier Filme gezeigt und ab Freitagnachmittag wird im südlichen Abschnitt getrommelt.

★190 [B11] **Alma Beach.** Der kleine Strand südlich des Charles Clore Park ist äußerst entspannt. Hier treffen sich verliebte Pärchen und arabische Großfamilien.

EXTRATIPP

Über und unter Wasser!

Wem das Vergnügen, sich ein **Kajak,** ein **Surfbrett** oder gar eine **Jacht** (auch mit Skipper) zu mieten, nicht zu teuer ist, der ist bei diesen Adressen richtig:

- **Danit Yachts,** Marina Tel Aviv, Tel. 052 3400128, www.danit.co.il (auch eine Segelschule)
- **Israel Surf Club,** Banana Beach, Tel. 03 5103438, www.israelsurfclub.co.il
- **Sailor,** Namal Yafo, Tel. 077 2120366, www.sailor.co.il
- **Sea Kayak Club,** Namal Yafo, Tel. 03 6814732, www.kayak4all.com

Tauchern seien außerdem folgende Adressen empfohlen:

- **Dugit Diving Center,** 250 R. Ben-Yehuda, Tel. 03 6045034, www.dugit.co.il
- **Israel Diving Federation,** Tel. 03 6954277, www.diving.org.il
- **Octopus,** Marina Tel Aviv, Tel. 03 5271440, www.octopus.co.il

Wichtig für Schwimmer

Alle Strände werden von Rettungsschwimmern überwacht, die je nach Wasser-, Wind- und Wetterlage Flaggen hissen, die Schwimmer über Gefahren aufklären sollen. Sie haben die folgende Bedeutung:

- **Weiße Flagge:** Keine Gefahr
- **Rote Flagge:** Schwimmen gefährlich
- **Schwarze Flagge:** Schwimmen verboten

Man sollte diese Zeichen unbedingt beachten, denn es gibt heimtückische **Strömungen,** denen auch die besten Schwimmer nicht gewachsen sind.

Südlich des Zentrums

Am südlichen Zipfel der Rehov Nachalat Binyamin ragt der gewaltige Shalom Meir Tower 8 in den Himmel und bildet praktisch das „Tor" in die südlichen Stadtteile wie das sanierte und wirklich sehenswerte kleine Viertel Neve Tsedek 12 oder das Künstler-Quartier Florentin 15 mit seinen Kneipen und Galerien. Wer genug von Asphalt und Zement hat, der findet auf der Sderot Rothschild 9 die Prise Erholung, die einem zu einem Spaziergang inmitten des Bauhaus-Herzstücks der Weißen Stadt 11 fehlen mag. Ausklingen lassen könnte man eine Tour durch Tel Avivs Süden z. B. im alten Bahnhof HaTachana 13.

8 Shalom Meir Tower ★ [D9]

מגדל שלום מאיר

Der 1965 fertiggestellte, rechteckige Shalom Meir Tower ist das **erste Hochhaus** Israels und war über einige Jahre das höchste seiner Art im gesamten Nahen Osten. Mit einer **Gesamthöhe** von 130 m und 34 Etagen gilt das aus 50.000 m³ Beton, 4000 Tonnen Stahl, 35 km Wasserleitungen und 500 km Kabeln bestehende Gebäude bis heute als Inbegriff der Entwicklung Tel Avivs zu einer repräsentativen Großstadt. Und auch wenn der meist nur **Shalom Tower** genannte „Turm" alles andere als eine Augenweide ist, so sind die Tel Avivim doch irgendwie noch ein bisschen stolz auf ihn.

Im Inneren sollte man im westlichen Flügel die **großflächigen Wandmosaike** von Nahum Gutman betrachten. Hier als auch im östlichen Gebäudeteil gibt es eine **Fotoausstellung** zur Geschichte Tel Avivs mit aufschlussreichen „Schnappschüssen" aus der Zeit zwischen den 1920er- und 1960er-Jahren. Im beide Flügel verbindenden Stockwerk darüber findet sich außer ein paar Geschäften und Imbissmöglichkeiten eine nur auf Hebräisch erläuterte kleine **Ausstellung zur Geschichte der Stadt** samt einem etwas angestaubten und nicht mehr ganz aktuellen Miniaturmodell (bei beiden Ausstellungen ist der Eintritt frei). Architekturfans interessieren außerdem vielleicht die **Baupläne** der beiden nie in Angriff genommenen Tel Aviver Megaprojekte Nordia und Kikar HaMedina, die man im Erdgeschoß in Augenschein nehmen kann. Wer sich hingegen einen **Rundblick von oben** erhofft hat, der wird enttäuscht, denn die Aussichtsterrasse ist wegen Besuchermangel seit einigen Jahren geschlossen. Eine Alternative bietet nur das **Azrieli Center** 17.

› Rehov Ahad Ha'am, Haltestelle Migdal Shalom, Bus 18, 24, 38, 72, 82, So–Do 9.30–18 und Fr 9.30–14 Uhr

9 Sderot Rothschild ★★★ [D9]

שדרות רוטשילד

Berlin hat Unter den Linden, Paris die Champs-Élysées, Wien die Ringstraße und Tel Aviv die Sderot Rothschild. Der Vergleich mag zwar etwas hinken, doch handelt es sich bei der etwa 1,8 Kilometer langen Flaniermeile um das Beste, was die Stadt beim Thema Prachtstraße zu bieten hat.

Der Edelboulevard beginnt am nördlichen Ende Neve Tsedeks 12, verläuft nach Norden bis zum HaBimah National Theatre of Israel (s. S. 36) und stellt durch seinen breiten, von **Bäumen gesäumten Mittelstreifen** mit Fußgänger- und Fahrradwegen ein ideales **Refugium** für Großstadtgeplagte, Schattenhungrige und Sauerstoffjunkies dar. Die Sderot Rothschild ist außerdem nur ein paar Schritte vom Einkaufsviertel der Stadt entfernt und ist dadurch auch für **müde Shopper** der ideale Ort, um ein bisschen durchzuatmen und Kraft zu sammeln. Auf den **Parkbänken** inmitten des idyllischen Grüns scheint der Großstadtstress zumindest für kurze Zeit vergessen.

Ursprünglich wurde die Straße Rehov Ha'am (Straße des Volkes") genannt, doch später entschloss man sich – nicht zuletzt wegen Forderungen aus der Bevölkerung – sie zu Ehren der **Familie Rothschild** umzubenennen. Die jüdische **Bankiersfamilie,** deren Stammhaus M. A. Rothschild & Söhne in Frankfurt am Main seinen Sitz hatte, zählte ab dem 19. Jahrhundert zu den einflussreichsten **Financiers** der Welt. Es war besonders der aus Frankreich stammende Baron Edmond James de Rothschild (1845–1934), der im großen Stil das **zionistische Projekt** finanzierte und somit als einer der wichtigsten Wegbereiter des jüdischen Staates gilt. Wer in der Stadt etwas auf sich hält, der hat den Namen dieses Boulevards als Adresse auf seiner Visitenkarte stehen, allen anderen mag ein Besuch in einem der hier ansässigen **Restaurants** oder **Cafés** reichen.

Architektonisch ist die Sderot Rothschild vor allem wegen der vielen Gebäude im **Bauhaus-Stil** interessant (siehe auch Weiße Stadt 11). Die meisten der Häuser stehen heute unter **Denkmalschutz.** Sehenswert sind außerdem die **Independence Hall** 10, in der Israels Unabhängigkeitserklärung unterzeichnet wurde, und das 1925 errichtete **Lederberg-Haus** an der Kreuzung mit der Rehov Allenby, das über eine Reihe beachtlicher Keramik-Wandgemälde von Ze'ev Raban verfügt.

› Haltestelle Allenby/Rothschild, Bus 3, 5, 16, 17, 31, 70, 72, 142, 192

10 Independence Hall ★★ [D9]

היכל העצמאות

Wo, wenn nicht auf dem Grundstück eines der ersten Häuser der Stadt, könnte man sich besser über die Entstehungsgeschichte Tel Avivs informieren? Das Haus Nr. 16 in der Sderot Rothschild 9 beherbergt die Independence Hall, in der David Ben-Gurion am 14. Mai 1948 die Unabhängigkeit des Staates Israel verlas, und eine Reihe Zeitzeugnisse in Form von Fotos und Zeitungsartikeln.

Etwa an der Stelle, an der später die Unabhängigkeit Israels erklärt werden sollte, kamen am 11. April 1909 66 jüdische Familien zusammen, um inmitten der unwirtlichen Sanddünenlandschaft außerhalb der Stadtmauern von Jaffa **Landparzellen** zu verlosen, auf denen eine neue Wohngegend namens **Achuzat Bayit** erbaut werden sollte. Unter den Anwesenden waren auch der spätere Bürgermeister Tel Avivs, Meir Dizengoff, und seine Frau Tsina, die die Parzelle Nummer 43 „gewannen", die Stelle, an der sich heute das Gebäude mit der Adresse 16 Sderot Rothschild befindet. 1910 entschloss sich der Rat von Ahuzat Bayit, die Siedlung in **Tel Aviv** umzubenennen und zwanzig Jahre später, nach dem Tod Tsinas, schenkte Meir Dizengoff das Haus der Stadtverwaltung, mit der Auflage, darin ein **Museum** zu errichten.

Ursprünglich befand sich hier ab 1936 das Tel-Aviv-Kunstmuseum, doch berühmt ist das Gebäude heute in erster Linie durch die **Unabhängigkeitserklärung**, die am 14. Mai 1948 in der Museumshalle, heute Independence Hall genannt, verlesen wurde. Neben der fast unveränderten Halle mit dem Rednerpult, über dem das Foto Theodor Herzls, des Begründers der zionistischen Idee, hängt, sind einige interessante Fotos und Zeitungsartikel über den besagten 14. Mai, aber auch über den Folgetag, an dem dem neu gegründeten Staat von zahlreichen arabischen Staaten der Krieg erklärt wurde, zu sehen. Wer möchte, kann sich die Originalrede anhören und auf Nachfrage kann man sich einen Film über die Entstehungsgeschichte der Stadt und des Hauses (auf Englisch) ansehen.

› 16 Sderot Rothschild, Haltestelle Migdal Shalom, Bus 18, 24, 38, 72, 82, Tel. 03 5106426 oder 03 5173942, So–Do 9–14 Uhr, Eintritt 20 NIS, erm. 16 NIS

11 Die Weiße Stadt – entlang der Sderot Rothschild ★★★ [E9]

העיר הלבנה

Wer im Umkreis der Sderot Rothschild 9 die Augen offenhält, stößt immer wieder auf wunderschöne Beispiele der Bauhaus-Architektur, denn in diesem Teil der Stadt steht ein Großteil dessen, was als Weiße Stadt („Ha'ir HaLevana") bezeichnet wird.

Die Weiße Stadt ist kein zusammenhängendes Viertel, sondern man meint mit dem Begriff vielmehr eine Sammlung von über 4000 Gebäuden, die überwiegend im **Bauhaus-Stil** errichtet wurden und über die ganze Stadt verteilt sind. Die **Architekten** dieser Gebäude waren zum größten Teil **deutschstämmige Juden**, die nach der Machtergreifung der Nationalsozialisten aus Deutschland auswanderten und den von **Walter Gropius** entwickelten Baustil, der sich durch einfache Formen und Praktikabilität auszeichnet, in ihre neue Heimat „exportierten".

In den 1920er-Jahren war Tel Aviv eine gerade erst entstandene Siedlung und ihr Bürgermeister Meir Dizengoff war gezwungen, ein Konzept für die schnell **wachsende Stadt** zu entwickeln. Zu diesem Zweck beauftragte er 1925 den schottischen Städteplaner **Patrick Geddes** mit der Ausarbeitung eines Masterplans. Geddes entwarf das Straßennetz und die Anlage von Häuserblöcken, doch ein bestimmter Baustil wurde von ihm nicht festgelegt. Als dann ab den 1930er-Jahren immer mehr Architekten aus Deutschland (meist als Flüchtlinge) ins Land kamen, von denen viele ihre Ausbildung am **Bauhaus Dessau** erhalten hatten, entstanden mehr und mehr Bauten in diesem Stil. Heute stellt Tel Aviv weltweit die **Bauhaus-Metropole** schlechthin dar und wenn auch viele Gebäude mittlerweile baufällig sind, so bemühen sich die Stadtverwaltung und die Hausbesitzer in der letzten Zeit verstärkt, das Gros der Häuser zu sanieren. Seit 2003 gehört die Weiße Stadt zum **UNESCO-Welterbe** und seit 2009 wurden etwa 1000 Gebäude unter **Denkmalschutz** gestellt, auch wenn viele weitere langsam in der salzigen Seeluft verwittern.

Für Architekturliebhaber gehört ein Bummel entlang der **Sderot Rothschild** 9 zum Pflichtprogramm: Gute Beispiele für Bauhaus-Architektur sind z. B. die Häuser mit den Nummern 85 bis 123 auf der westlichen Straßenseite, aber auch Gebäude in den Seitenstraßen wie der **Rehov HaHashmonaim** (Nr. 55, 58, 59, 60, 62) oder der **Rehov An-**

gel (auf beiden Straßenseiten). Für ausgiebige Erkundungen auch abgelegener Bauhaus-Gebäude sollte man sich im **Bauhaus Center** (s. S. 107) den Stadtplan „Tel Aviv-Yafo, Preservation Map and Guide" (59 NIS) besorgen, in dem sämtliche Gebäude mit Hausnummern eingezeichnet sind. Hier kann man auch einen **Audioguide** leihen und jeden Freitag finden von hier um 10 Uhr geführte **Bauhaus-Stadttouren** statt.

› Sderot Rothschild, Allenby/Rothschild, Bus 3, 5, 16, 17, 31, 70, 72, 142, 192

Wo die Uhren noch langsam ticken – Neve Tsedek ist die entspannte Seite Tel Avivs

12 Neve Tsedek ★★★ [C10]

נווה צדק

Tel Aviv gilt als modern und schnelllebig, doch im historischen Zentrum der Stadt scheint vielerorts die Zeit auch stehen geblieben zu sein und so eignet sich das Viertel perfekt dazu, etwas vom Flair des ausgehenden 19. Jahrhunderts zu erhaschen.

Neve Tsedek befindet sich etwa 200 m südwestlich des Shalom Meir Tower 8 und ist über die teilweise verkehrsberuhigte Rehov Lilienblum oder die Rehov Yehuda Halevi zu erreichen. Das Zentrum des Viertels ist in erster Linie die **Rehov Shalom Shabazi** mit ihren Cafés und Boutiquen. Auf dem Weg hierhin kann man einen Blick in die 1920 errichtete **Haupt-**

Der Bauhaus-Stil

*Das Bauhaus war eine 1919 von **Walter Gropius** gegründete Kunstschule, die in Weimar durch die Vereinigung der Großherzoglich-Sächsischen Kunstschule mit der 1907 von Henry van de Velde gegründeten Großherzoglich-Sächsischen Kunstgewerbeschule entstand. Im Bezug auf Bauart und Konzeption war es damals etwas völlig Neues, denn hier wurden die Bereiche **Architektur, Design** und **Kunst** miteinander verbunden und nicht wie vorher in die Bereiche der bildenden, der angewandten und der darstellenden Kunst getrennt. Bis heute gilt das Bauhaus als Heimstätte der Avantgarde und der Klassischen Moderne auf allen Gebieten der freien und angewandten Kunst.*

*Der Erfolgskurs in Deutschland hielt aber nicht lange an: 1925 erfolgte der Umzug der Schule nach Dessau, 1932 dann nach Berlin und bereits 1933 musste sie auf Druck der Nationalsozialisten geschlossen werden, v. a., weil der Stil stark von sozialistischen Idealen geprägt war. Die ursprüngliche **Intention** der Bauhaus-Bewegung war es, die Kunst von der Industrialisierung zu emanzipieren und das Kunsthandwerk wiederzubeleben. Das Bauhaus war somit also als eine Arbeitsgemeinschaft gedacht, in der die Unterscheidung zwischen Künstler und Handwerker aufgehoben werden sollte. Durch ihr Schaffen wollten die Mitarbeiter des Bauhauses gesellschaftliche Unterschiede beseitigen und zum Verständnis zwischen den Völkern beitragen.*

*Mehr zum Thema Bauhaus in Tel Aviv, auch in Form von Literatur, aber auch Andenken usw., bekommt man im **Bauhaus Center** (s. S. 107).*

030tv Abb.: dk

synagoge der Stadt, **Bet Knesset HaGadol**, werfen. Sie befindet sich an der Kreuzung der Rehov Ahad Ha'am mit der Rehov Allenby [D9].

Bei Neve Tsedek handelt es sich um ein Viertel, das aus den **ersten jüdischen Siedlungen** der Stadt (d. h. außerhalb Jaffas), die bereits in der zweiten Hälfte des 19. Jahrhunderts angelegt wurden, entstand. Es war der aus Algerien stammende **Aharon Chelouche** (1827–1920), der hier Land kaufte und es an andere jüdische Familien weiterverkaufte. Viele Straßennamen des Viertels wie Amzaleg, Rokach oder Stein erinnern an diese Familien, deren Häuser teilweise sogar noch stehen, renoviert und in kleine Museen umfunktioniert wurden, so beispielsweise das **Rokach House** (s. S. 41) – mit Informationen zur Entstehung des Viertels – oder das **Gutman Museum of Art** (s. S. 40), in dem Werke des Malers Nachum Gutman ausgestellt sind.

Die vielen gut erhaltenen **kleinen Gebäude** und **die schmalen Gässchen**, die einen fast dörflichen Eindruck vermitteln, sind für das Viertel charakteristisch. Im Laufe der letzten Jahre hat sich Neve Tsedek außerdem zu einem avantgardistischen Zentrum der Stadt gemausert, mit einer hohen Dichte an **Galerien**, schicken **Boutiquen** und **Läden**, die sich häufig auf Judaica spezialisiert haben sowie einer Vielzahl an trendigen **Cafés** und **Restaurants**. Es ist eine echte Wohltat, sich durch die kleinen Sträßchen treiben zu lassen und danach z. B. auf eine Erfrischung im **Suzanna** (s. S. 27) mit seiner lauschigen Terrasse einzukehren. Hier ganz in der Nähe ist auch noch der tiefe Graben zu erkennen, der östlich der Rehov Chelouche verläuft und ursprünglich die inzwischen demontierte **Eisenbahnlinie** beherbergte, die am HaTachana 13 begann. Das sehenswerteste Eckchen Neve Tsedeks bildet jedoch der Abschnitt um das **Suzanne Dellal Centre for Dance and Theatre** (s. S. 37). Das Zentrum ist in mehreren stilvoll renovierten Gebäuden der ersten, 1889 gegründeten, ehemaligen Knaben- und Mädchenschule untergebracht und bietet zeitgenössische Ballett-, Modern Dance und Theateraufführungen, ab und an auch in Form von Open-Air-Veranstaltungen auf dem Platz inmitten des Anwesens.

› Derech Yafo/Derech Elat, Haltestellen Elat/Shlush, Bus 40, 41 oder Migdal Shalom, Bus 18, 24, 38, 72, 82

⑬ HaTachana ★★ [C11]

התחנה

Tapas und Mode statt verrosteten Schienen... Dort wo früher die Züge nach Jerusalem abfuhren, Fracht abgefertigt wurde und Pilger ihre Fahrkarten kauften, findet sich heute eine Fülle an schicken Shops und angesagten Boutiquen, gemütlichen Cafés und beliebten Restaurants.

Der Bau der **Bahnlinie von Jaffa nach Jerusalem** begann mit dem Verkauf einer entsprechenden Konzession durch die Osmanen an den Geschäftsmann **Yosef Navon** und eine französische Finanzgruppe im Dezember 1889. Das erste Mal befahren wurde die Strecke am 27. August 1892 und ihre Existenz löste in den darauffolgenden Jahren einen **nachhaltigen Entwicklungsschub** für Jaffa aus, denn durch die steigende Einwohnerzahl Jerusalems wurde die dortige Versorgung mit Lebensmitteln immer entscheidender und entsprechend wurde Jaffas Rolle als **bedeutender Hafen** stetig wichtiger. Doch neben der Fracht machten v.a. die **Pilger** in die Heilige Stadt den größten Teil des Umsatzes des Bahnunternehmens aus. Nach dem Ersten Weltkrieg betrieben die Briten die Bahnlinie, bis sie 1948 von der **Israelischen Eisenbahn** übernommen wurde, die den Bahnhof von Jaffa stilllegte, nicht zuletzt wegen der immer besser ausgebauten **Busverbindung.**

Nachdem das Areal über Jahre stillgelegen hatte, begann man ab 2004 mit der **Sanierung** und schuf das stilvolle Anwesen, das so seit 2010 besteht. **HaTachana** – Hebräisch für „die Station" – umfasst **22 Gebäude,** darunter die alte Bahnhofshalle, diverse Frachthallen sowie die ehemalige Ziegelfabrik des deutschen Templers Hugo Wieland, der diese hier im Jahre 1900 eröffnete. Heute beherbergen die Gebäude **schmu-**

066tv Abb.: dk

cke Shops wie das Ahava (s. S. 17), American Vintage (s. S. 16) oder das Made in TLV (s. S. 18). Aber auch Durst und Magenknurren können hier problemlos „geheilt" werden, z. B. im angesagten **Vicky Cristina** (s. S. 26).

Neben dem normalen Shop- und Gastronomiebetrieb finden auch zahlreiche **Events** statt wie der **Handwerksmarkt** (Do 19 Uhr bis Mitternacht) oder der **Orbanic** genannte Biomarkt (Fr 8–12 Uhr), auf dem es neben Obst und Gemüse auch umweltfreundliche Haushalts- und Beauty-Produkte zu kaufen gibt. Hin und wieder finden auch Sonderveranstaltungen wie z. B. ein **Bier-Festival** statt, bei dem sich israelische Privatbrauereien mit kostenloser Gerstensaftprobe präsentieren.

Vor allem Kinder – vielleicht aber auch der eine oder andere Erwachsene – finden sicherlich den **alten Triebwagen** interessant, der im Eingangsbereich des Areals noch auf Schienen steht und zu einem Informationsvideo oder zum obligatorischen Erinnerungsfoto einlädt.

› 1 Rehov Yehezkel Koifman, Haltestelle Koifman/Goldman, Bus 10, 11, 18, 37, 88, www.hatachana.co.il, Sa–Do 10–22, Fr 10–17 Uhr (Shops), die Lokale bleiben offen, bis der letzte Gast geht.

Keine Spur von Stress – im früheren Bahnhof HaTachana geht es heutzutage ganz entspannt zu

14 Hassan-Bek-Moschee ★★ [C9]

מסגד חסן בק

Die Hassan-Bek-Moschee – oft auch Hassan-Bey-Moschee genannt – ist eine der bekanntesten Moscheen Israels, nicht zuletzt, weil sie einen Ort vieler Kontroversen im israelisch-arabischen Konflikt darstellt. Bis heute hat sie eine tiefe symbolische und emotionale Bedeutung für die Muslime Jaffas.

Die Moschee wurde 1916 auf Befehl des türkisch-arabischen Gouverneurs Hassan Bek erbaut und war u. a. als **Symbol** gedacht, um den sich immer weiter nach Süden ausdehnenden **Bautätigkeiten** der **Zionisten Einhalt zu gebieten.** Die Moschee lag damals in Manshiye, dem seiner Zeit nördlichsten Stadtteil Jaffas, also inmitten einer praktisch rein arabischen Gegend. Ihr **Baustil** mit den perforierten Wänden und den aufwendig verzierten und **bunt verglasten Fenstern** ist einzigartig, zumal hier fast ausschließlich **weißer Kalkstein** verwendet wurde, obwohl in dieser Gegend in der Regel gelbbrauner Kalkstein viel üblicher war. Wunderschön sind auch das **schlanke Minarett** sowie die quadratische Gebetshalle, dennoch wirkt die Moschee heutzutage etwas verloren inmitten der umliegenden hoch modern verglasten Hochhäuser und es ist in der Tat ein Wunder, dass sie noch existiert.

Nach der Eroberung durch die jüdische Irgun Tzvai Leumi (s. S. 64) sollte die Moschee 1948 gesprengt werden, doch der Oberkommandierende und spätere israelische Ministerpräsident Menachem Begin (1913–1992) verhinderte dies im letzten Moment. Auch dem **radika-**

len Sanierungsplan der 1960er-Jahre fiel sie im Gegensatz zu den Wohnhäusern Manshiyes nicht zum Opfer, da die städtischen Behörden zögerten, einen **heiligen Ort der Muslime** zu entweihen, was die ohnehin bereits erhitzten Gemüter über die Maßen strapaziert hätte. Im Jahre 1979 kursierten dann Gerüchte, dass das gesamte Areal, auf dem die Moschee steht, an den Immobilien-Tycoon Gershon Peres (Bruder von Shimon Peres, dem langjährigen Präsidenten von Israel) verkauft werden sollte, der darauf ein **Einkaufszentrum** errichten wollte. Dies rief einen Sturm der Proteste von Seiten der Araber, aber auch jüdischer Friedens- und Menschenrechtsgruppen hervor, sodass der Deal letztendlich platzte und die Moschee wieder in die Hände der islamischen Gemeinschaft zurückfiel. Bald darauf stürzte das **Minarett** der Moschee ein und obwohl offiziell von einem „Unfall" die Rede war, geht man davon aus, dass es sich um einen **Sabotageakt** von rechtsextremen Gruppen und/oder Veteranen von 1948 handelte.

Doch damit nicht genug: Am 1. Juni 2001 kam es zu einem **Selbstmordanschlag** der Hamas in der Nähe des Dolphinariums, also des mittlerweile weitestgehend vernachlässigten, etwas erhöht liegenden Gebäudekomplexes gegenüber der Moschee direkt am Banana Beach, der 21 Israelis das Leben kostete. In Folge belagerten bald über Tausend Juden die Moschee und lieferten sich über mehrere Tage eine heftige **Straßenschlacht** mit den Muslimen. Vier Jahre später warfen jüdische Nationalisten dann einen **Schweinekopf** in das Areal der Moschee, auf dem der Name des Propheten Mohammed stand, woraufhin ein Hamas-Sympathisant als **Racheakt** drei orthodoxe Studenten auf ihrem Weg in die Altstadt von Jerusalem niederstach.

Wer die Moschee heute besuchen möchte, sollte dies nur mit **echtem Interesse** tun, denn grundsätzlich ist sie – wie viele islamische Gotteshäuser – nur Gläubigen zum Gebet zugänglich. Doch wer am Eingang (bitte die Schuhe ausziehen) den Kontakt zu den Verantwortlichen sucht, wird mit „offenen Armen" willkommen geheißen.

› Rehov HaKovshim, Halteselle HaNanya/HaYarkon, Bus 3, 16, 17, 19, 25, 31, 47, 48, 63, Sa–Do 9–16 Uhr, Eintritt frei

15 Florentin ★★ [D11]

פלורנטין

Man braucht zwar etwas Fantasie, um Tel Avivs hippes Künstlerviertel Florentin mit SoHo oder der Lower East Side in New York zu vergleichen, so wie es die einheimischen Hipster selbst gerne tun, doch man kann dem Gassengewirr zwischen der Rehov Herzl, Yafo und Abarbanel einen gewissen „urbanen Sexappeal" nicht aberkennen.

Die Gründung **Florentins** geht auf die 1920er-Jahre zurück, als die Sa-

EXTRATIPP

Und plötzlich roch ich Kardamon …

Im nördlichen Teil Florentins erstreckt sich in der Rehov Levinski der **Levinski-Gewürzmarkt** (s. S. 21), auf dem eine Vielzahl von Händlern ihre Waren feilbieten. Sehens- und riechenswert! Und wem es an Exotik noch nicht reicht, der findet in den Straßen östlich des Marktes bis zum neuen Busbahnhof ein afrikanisch geprägtes Multikultiviertel.

lonika-Palestine Investment Company – mit dem Vorsitzenden David Florentin – das Land kaufte, um 53.000 griechischen Juden, die aus dem von antisemitischen Pogromen erschütterten **Thessaloniki** nach Palästina flüchten mussten, eine Zukunftsperspektive zu geben. Bis 1933 befand sich hier jedoch nur ein **provisorisches Flüchtlingslager**, da die Baugenehmigungen noch durch osmanische Regelungen stark eingeschränkt waren und das ganze Gebiet durch den Verlauf der **Bahnstrecke** von Jaffa nach Jerusalem ohnedies nur bedingt gestaltbar war.

Erst ab Mitte der 1930er-Jahre bemühte sich die Stadtverwaltung, Florentin auch als **Industriegebiet** und „echtes“ **Wohnviertel** zu erschließen, und in vielen der neu errichteten Wohngebäude befinden sich zusätzlich kleine Fabriken und Werkstätten. Es folgten viele weitere Flüchtlingswellen, doch generell sollte sich in den nächsten Jahrzehnten wenig in dem **verschlafenen Viertel** ändern, bis die Stadtverwaltung sich Ende der 1990er-Jahre dazu entschloss, hier im großen Stil zu sanieren. Schnell siedelten sich immer mehr **Künstler** an und verwandelten Florentin zum Lieblingsstadtteil der **jungen Bohemiens.** Seitdem sind die **Immobilienpreise** um atemberaubende 65 % gestiegen – das sind durchschnittlich gut 20 % mehr als im Rest der Stadt. Die Bevölkerung Florentins hat sich im gleichen Zeitraum nahezu verdoppelt. Heutzutage stellen die **Rehov Florentin** [D/E11] – hier befindet sich z. B. die beliebte Café-Bar Bugsy (s. S. 33) – und die **Rehov Vital** [D11] das Zentrum des hippen **Nightlife-Geschehens** dar, aber auch in den kleineren Sträßchen wie Cordovero oder Uriel Acosta sind hübsche Kneipen und coole Klamottenläden zu finden. Weitestgehend unverändert – zumindest was das Geschäftsleben angeht – sind die Rehov Yedidia Frenkel und die Rehov Wolfson, in denen v. a. **Möbelgeschäfte** angesiedelt sind, sowie die Derech Yafo, in der in erster Linie Textiliengroßhändler ihre Läden haben. Die auf den ersten Blick unattraktivste Straße des Viertels ist sicherlich die **Rehov Abarbanel** [D11] mit ihren Schreinereien und Schmiedewerkstätten, doch gerade hier, inmitten der Kleinfabriken, verbergen sich alternative **Underground-Klubs** und **unkonventionelle Kneipen**, die als Gegengewicht zur Mainstream-Nightlife-Szene fungieren.

› Rehov Ha'aliyah, Haltestelle Ha'aliyah/Florentin, Bus 3, 19, 18, 25, 72, 83, 84

Nördlich des Zentrums

Die „natürliche“ Grenze des sehenswerten Tel Aviv liegt am gewaltigen Ayalon-Highway, der eine Art Nord-Süd-Achse am Rande der Stadt darstellt. Wer der Rehov Meir Dizengoff 2 *nach Osten folgt, kommt an dem großen Areal vorbei, an dem sich das HaBimah National Theatre of Israel (s. S. 36), das Frederic Mann Auditorium (s. S. 37) und auch der Helena Rubinstein Pavilion (s. S. 40) befinden. Von hier ist es nur noch ein Steinwurf bis zur historischen Templersiedlung Sarona* 16 *und dem Azrieli Center* 17 *mit seiner atemberaubenden Aussichtsterrasse im 49. Stockwerk. Nördlich davon befindet sich das Tel Aviv Performing Arts Center, das die ruhmreiche Israelische Staatsoper (The Israeli Opera, S. 37), The Cameri Theatre (s. S. 36) und das Tel Aviv Museum of Art* 18 *umfasst. Speziell für hungrige Besucher ist die nahegelegene Rehov Ibn Gabirol* 20 *mit ihren Restaurants ein echtes Schlaraffenland und am Kikar Yitzhak Rabin* 19 *laden Parkbänke zur Verschnaufpause ein. Über die Sderot Ben-Gurion* 21 *gelangt man wieder in Richtung Meer und sollte es dabei auf keinen Fall verpassen, dem ehemaligen Wohnhaus David Ben-Gurions* 22*, Israels erstem Premierminister, einen Besuch abzustatten. Von hier hat man es nicht mehr weit zum Namal* 23 *genannten Hafen, auch wenn das Areal heute so gar nichts mehr mit dem zu tun hat, was man weitestgehend mit einem Hafen verbindet.*

16 Sarona ★★ [F6]

שרונה

Folgt man der Rehov Meir Dizengoff 2 *und dann ihrer Verlängerung, der Rehov Kaplan, befindet sich rechter Hand inmitten eines erholsamen Parks die Siedlung Sarona, die deutsche Templer 1871 gründeten und in deren mittlerweile unter Denkmalschutz stehenden Häuschen später die ersten israelischen Regierungsgebäude unterkamen.*

Bei Sarona handelt es sich in erster Linie um einen anmutigen, öffentlich zugänglichen **Park** mit hohen Eukalyptus-, Ficus- und Weidebäumen, zwischen denen **37 zweistöckige Häuser** stehen, die so gar nicht in das sonst durch verglaste Wolkenkratzer und uncharmante Betonklötze charakterisierte Gebiet unmittelbar am Ayalon-Highway passen. Ab 1871 gab es hier eine **landwirtschaftliche Siedlung** der **deutschen Templergesellschaft**, einer pietistischen Gruppe aus Württemberg, deren Mitglieder es als ihre göttliche Aufgabe sahen, im Heiligen Land zu siedeln. Sie wählten explizit diesen Ort für den Bau ihrer Siedlung, da er sich an **drei Straßen** befand, die Jaffa mit anderen Orten Palästinas verband und somit prädestiniert für den Handel war. Die Templer waren gut ausgebildete **Landwirte** und nutzten die neusten **technischen Errungenschaften** ihrer Zeit, weshalb sie massiv dazu beitrugen, diese bis dato kärgliche Provinz des Osmanischen Reiches zu entwickeln. Nach dem Ersten Weltkrieg mussten sie dann die Siedlung auf Druck der Briten als **feindliche Ausländer** verlassen, durften jedoch bereits wenig später zurückkehren.

Doch die Ideologie der **Nationalsozialisten** machte auch vor ihnen nicht halt, nicht zuletzt weil viele von ihnen zurück ins Deutsche Reich gingen, um dort ihre agronomische Ausbildung zu bekommen. Kurz nach Hitlers Regierungsgründung im Jahr 1933 wurde hier eine NSDAP-Ortsgruppe gegründet und Hakenkreuzfahnen wehten in der Siedlung. Spätestens 1938 besaß jeder dritte Templer ein Parteibuch der NSDAP, weshalb die Siedlung mit Ausbruch des Krieges erneut von den Briten geräumt wurde und ab 1948 in den Besitz des Staates Israel überging. Seit einigen Jahren unternimmt die Stadtverwaltung **enorme Anstrengungen**, um das gesamte Areal zu renovieren. So hat man u. a. fünf Häuser, die auf der anderen Straßenseite auf dem Gelände des jetzigen Verteidigungsministeriums standen, mit ungeheuerem finanziellen und technischen Aufwand versetzt.

Ein **Besuch Saronas** auf eigene Faust beschränkt sich in der Regel auf den Park. Einige Gebäude sind jedoch im Rahmen einer **geführten Tour** zu besichtigen. Bei einer solchen Führung besucht man z. B. ein Haus, in dem eine mit Öl betriebene **Olivenpresse** steht, die für die damalige Zeit eine technische Meisterleistung darstellte, und in anderen Häusern besichtigt man die **alten Keller** – auch sie finden sich bei typisch israelischen Häusern eher selten.

Wer nach einem Besuch dem Shopping frönen möchte, sollte sich in das nahe gelegenen **Azrieli Center** 17 aufmachen.

› Rehov Kaplan, Haltestelle Kaplan/Aluf Mendler, Bus 56, 239. Infos zu geführten Touren gibt es über die Touristeninformation (s. S. 106), Tel. 03 5166188.

17 Azrieli Center ★★ [G6]

מרכז עזריאלי

Von beinah überall sieht man die drei weißen Hochhäuser – ein rundes, ein vier- und ein dreieckiges – die gemeinsam das riesige Azrieli Center bilden. Von der öffentlichen Aussichtsplattform in 187 m Höhe genießt man Tel Aviv aus der Vogelperspektive wie sonst nirgends – zumindest ohne Sondergenehmigung, denn für alle anderen Wolkenkratzer benötigt man eine Zugangsberechtigung.

Das zwischen 1996 und 1999 erbaute Azrieli Center ist das höchste Gebäude in Tel Aviv und nach dem Moshe Aviv Tower in Ramat Gan das zweithöchste in Israel. Es besteht aus **drei weißen Türmen**, von denen der runde am höchsten ist. Er hat 49 Etagen, von denen jede 1520 m² umfasst und 84 Fenster hat – d. h. insgesamt gibt es mehr als 4000 Fenster.

Neben der Azrieli-Shoppingmall (s. S. 15) auf den ersten drei Stockwerken, in der sich hochwertige Shops, ein Multiplex-Kino-Center und zahlreiche Restaurants sowie Imbissstände befinden, ist das Azrieli Center aber v. a. wegen der **öffentlich zugänglichen Aussichtsterrasse** im obersten Stockwerk sehenswert. Wenn man auch das Restaurants besucht, hat man einen **360°-Blick** über Tel Aviv und die angrenzenden Städte wie Ramat Aviv oder Ramat Gan und bei klaren Sichtverhältnissen sieht man sogar bis ins entfernte Herzliya. Man erreicht die Aussichtsetage (kostenpflichtig) mit dem „Turbo"-Aufzug vom dritten Stockwerk der Shoppingmall.

Erlebenswert ist außerdem das sich ebenfalls hier oben befindende exklusive **Restaurant**, das auch über eine Bar, ein Café und eine **Cocktaillounge** verfügt. Übrigens: Da man hinter Glas steht, bleibt die Aussichtsetage auch bei schlechtem Wetter oder starken Windverhältnissen geöffnet und am schönsten ist der Ausblick wohl im Winter kurz vor **Sonnenuntergang** – dann sind nämlich die Sichtverhältnisse besser als im trübdunstigen Sommer. Vom Azrieli Center hat man direkten Zugang zum HaShalom-Bahnhof, von dem Züge u. a. zum Ben-Gurion International Airport fahren.

› 132 Derech Menachem Begin, Haltestelle Azrieli Mall, Bus 60, 63, 68, 71, 83, 150, 169, 171, 277, Tel. 03 6081179, Öffnungszeiten der Aussichtsetage: tägl. 9.30–18 Uhr, Eintritt 22 NIS, ermäßigt 17 NIS, Öffnungszeiten der Shoppingmall: So–Do 10–22, Fr 10–16, Sa 20–24 Uhr

18 Tel Aviv Museum of Art ★★★ [F5]

מוזיאון תל־אביב לאמנות

Das Tel Aviv Museum of Art kann getrost als eines der Highlights unter den Ausstellungshäusern der Stadt genannt werden und das nicht nur

wegen seiner einmaligen Sammlung klassischer und zeitgenössischer Kunst, sondern auch wegen seiner außergewöhnlichen Architektur.

Das Tel Aviv Museum of Art wurde 1932 im Haus des ersten Bürgermeisters von Tel Aviv, Meir Dizengoff, gegründet, also dort, wo sich heute die Independence Hall ⑩ befindet. 1971 zog es dann an seinen jetzigen Standort in der Sderot Sha'ul HaMelekh. **Architektonisch** sorgte das aus mehreren kalkfarbenen, quaderförmigen Pavillons bestehende Gebäude von Anfang an für Aufsehen, aber auch die hier befindlichen **Ausstellungsstücke** sind von Weltklasse. Den Grundstock bildet die im Jahr 1950 gestiftete **Peggy-Guggenheim-Sammlung**, die 36 Werke von abstrakten Künstlern wie Jackson Pollock, William Baziotes und Richard Pousette-Dart, aber auch surrealistische Werke von Yves Tanguy, Roberto Matta und André Masson umfasst. Hinzukommen Bilder führender Künstler der **modernen Kunst** der ersten Hälfte des 20. Jahrhunderts: Fauvismus, deutscher Expressionismus, Kubismus, Futurismus, russischer Konstruktivismus, De-Stijl-Bewegung und Surrealismus sind vertreten. Außerdem ist **französische Kunst** von den Impressionisten und Post-Impressionisten der Pariser Schule zu sehen, darunter Werke von Chaim Soutine, Gauguin, Matisse, aber auch beeindruckende Werke von Pablo Picasso und Joan Miró sowie Vincent Van Goghs „Die Schäferin" (1888). Die Sammlung enthält auch einige Meisterwerke des österreichischen Künstlers Gustav Klimt sowie des russischen Meisters Wassily Kandinsky. In der Eingangshalle sollte man nicht das riesige Wandgemälde vom Pop-Art-Künstler **Roy Lichtenstein** übersehen, das er im Jahr 1989 extra für das Museum schuf.

Neben diesen permanenten Exponaten gibt es im erst 2011 eröffneten Herta-und-Paul-Amir-Seitenflügel **zeitlich begrenzte Neuzugänge** oder **Leihgaben** zu sehen, außerdem gibt es zahlreiche **Skulpturen**, die man vor dem Museum und in einem Skulpturengarten besichtigen kann. Zum Tel Aviv Museum of Art gehört auch der **Helena Rubinstein Pavilion for Contemporary Art** (s. S. 40), in dem regelmäßig wechselnde Ausstellungen moderner in- und ausländischer Künstler stattfinden.

› 27 Sderot Sha'ul HaMelekh, Haltestelle Sha'ul HaMelekh, Bus 9, 14, 82, Tel. 03 6077020, www.tamuseum.com, Mo u. Mi 10–18, Di u. Do 10–21, Fr 10–14 und Sa 10–18 Uhr, Eintritt 50 NIS, ermäßigt 40 NIS. Für einen Besuch sollte man insgesamt ca. zwei Stunden einplanen.

⑲ Kikar Yitzhak Rabin ★ [E5]

כיכר יצחק רבין

Der Kikar Yitzhak Rabin ist sicher nicht der schönste Platz Tel Avivs, daran hat sich auch nach mehrfacher Umgestaltung nicht viel geändert, aber direkt dort, wo die Sderot Ben-Gurion ㉑ und Rehov Ibn Gabirol ⑳ zusammentreffen, führt **verkehrstechnisch** kaum ein Weg vorbei. Der Platz wird auf der nördlichen Seite von der unschönen Fassade der kastenförmigen **City Hall**, dem modernen Rathaus der Stadt, flankiert. Bei dem Gebäude handelt es sich um eines der liebsten Streitthemen der Tel Avivim, denn der in der 1960er-Jahren von Menachem Cohen errichtete Bau galt über viele Jahre als Inbegriff der Moderne, doch heute ringt er um einen der ersten Plätze unter den unansehnlichsten Bauten der Stadt. Die

064tv Abb.: dk

einen sagen, dies müsse sich ändern und möchten, dass die City Hall ein **neues Outfit** – möglichst passend zu den umliegenden verglasten Hochhäusern – erhält, die anderen meinen, dass das Gebäude eine typisch Tel Aviver Geschichte zu „erzählen" hat und schon deshalb nicht verändert werden darf. Wie auch immer, als Besucher reicht es, wenn man sich auf den von Palmen gesäumten Platz vor dem Rathaus beschränkt. Hier befindet sich auch das **Holocaust- und Widerstandsmonument** von Yigal Tomarkin, bei dem ein Dreieck und eine kopfüber stehende Pyramide von oben gesehen den Davidsstern bilden.

Am **Unabhängigkeitstag** und zum israelischen Karneval, dem **Purim-Fest**, wird auf dem Platz und in den umliegenden Straßen heftig gefeiert und seit den 1980er-Jahren finden auf dem Kikar Yitzhak Rabin auch **politische Kundgebungen** und **Demonstrationen** statt, so z. B. im September 1982, als etwa 400.000 Menschen gegen Israels Rolle bei den Massakern von Shabra und Shatila im Libanon protestierten. Die meisten Israelis verbinden mit ihm aber bis heute die Ereignisse des **4. November 1995.** Auf dem damals noch Kikar Malchey Israel („Platz der Könige Israels") genannten Platz fand am Abend eine große Friedenskundgebung unter dem Motto „Ja zum Frieden, Nein zur Gewalt" statt, auf der der damalige Premierminister **Yitzhak Rabin**

Nein, als schön kann man sie wirklich nicht bezeichnen: die City Hall mit neuer Fassade auf dem Kikar Yitzhak Rabin

(1922–1995) eine ergreifende Rede hielt. Nachdem er die Bühne verlassen hatte, wurde er auf dem Weg zu seinem Auto von dem jüdischen Fundamentalisten und Rechtsextremisten **Yigal Amir** auf dem Bürgersteig der Rehov Ibn Gabirol, nahe der östlichen Seitentreppe des Rathauses, erschossen. Ein **kleiner Steingarten** erinnert an die Stelle des tragischen Geschehens, das bis heute als eines der dramatischsten Ereignisse des modernen Israel gilt. Yitzhak Rabin hatte gemeinsam mit seinem Außenminister, Shimon Peres, und dem damaligen Chef der Palästinensischen Autonomiebehörde, Yassir Arafat (1929–2004), ein Jahr zuvor den **Friedensnobelpreis** erhalten, und war somit ein Symbol für eine friedliche Zukunft. Nach seiner Ermordung änderte sich viel in der öffentlichen Wahrnehmung und die **Friedensbewegung** hatte einen regen Zulauf, so wurde z.B. der Sänger **Aviv Geffen** zu einem ihrer wichtigsten Aktivisten. Geffen, der für viele junge Israelis ein Idol und ein Hoffnungsträger für ein neues, friedliches Israels ist, stand an besagtem Abend ebenfalls auf der Bühne und bezeichnet den Augenblick des Attentats als dramatischsten Moment seines Lebens. Er hat seine Erlebnisse in dem Song „livkot lecha“ („Für dich zu weinen“) verarbeitet, der inzwischen als Synonym für diesen Abend gilt.

Wer auf dem Kikar Yitzhak Rabin einen Moment rasten möchte, der kann dies auf den zahlreichen **Sitzbänken** tun. Alternativ lässt sich in der Gan Ha’ir Mall (s.S. 16) shoppen oder man geht auf einen Kaffee in den nahe gelegenen Buchladen **Bookworm** (s.S. 17).

› Kikar Yitzhak Rabin, Haltestelle Kikar Yitzhak Rabin, Bus 24, 25, 29, 56, 89

20 Rehov Ibn Gabirol ★★ [E6]

רחוב אבן גבירול

Stärkung gefällig? Hier ist man dafür goldrichtig, denn was das Angebot an Brasserien, Cafés, Restaurants, Imbiss- und Delikatessläden angeht, kann es keine andere Gegend der Stadt mit der mehr als drei Kilometer langen Rehov Ibn Gabirol aufnehmen. Tel Avivs **kulinarische Hauptschlagader** ist nicht nur bei den Angestellten der umliegenden Banken und Büros beliebt, die sich hier zur Mittagspause ein Stelldichein geben, sondern auch bei Touristen, erholungsbedürftigen Shoppern und Musik- und Theaterbesuchern – der Straßenzug beginnt etwas südlich des **HaBimah Theatre** (s.S. 36) bzw. des **Frederic Mann Auditorium** (s.S. 37).

Benannt ist die Straße nach dem aus Málaga stammenden Philosophen und Dichter **Solomon Ben-Yehuda Ibn Gabirol** (1021–1057), der zu seiner Zeit in jüdischen Kreisen besonders wegen seiner großteils von einer pessimistischen Stimmung geprägten **hebräischen Lyrik** in arabischen Versmaßen beliebt war. Seine Philosophie eines **neuplatonischen Weltbilds** fand hingegen v.a. in der christlichen Welt Beachtung und prägte ab dem 12. Jahrhundert ganz entscheidend die Strömung in der Scholastik. Ob er aber auch ein Gourmet war, bleibt ein Geheimnis. Falls ja, so wäre die nach ihm benannte Straße sicher seine Lieblingschaussee in Tel Aviv geworden. Man muss meist nur wenige Meter zurücklegen, um vom einen ins andere **Restaurant** zu „stolpern“ und nicht wenige der hier ansässigen Gastronomiebetriebe zählen zu den besten der Stadt. Doch auch diejenigen, die nicht vom Hunger geplagt sind, werden sich auf der Rehov Ibn Gabirol wohlfühlen, handelt es sich doch um eine angenehm zu begehende **Flaniermeile**, die sich vom Kikar Yitzhak Rabin ⑲ bis zum Yarkon Park (s. S. 44) erstreckt und sich auch jenseits des Yarkon-Flusses, also schon in Ramat Aviv, fortsetzt. Neben **zahlreichen Shops und Boutiquen** laden auch diverse **Cafés** wie das **Hemda** (s. S. 31) zum Rasten ein.

› Haltestelle Ibn Gabirol, Bus 24, 25, 26, 29, 38, 56, 82, 89

㉑ Sderot Ben-Gurion ★★ [C5]

שדרות בן־גוריון

Egal, ob man vom Einkaufsbummel auf der Rehov Meir Dizengoff ② kommt oder von einem Spaziergang entlang der Tayelet-Strandpromenade ⑦, die etwa 900 m lange Sderot Ben-Gurion, die sich durch eine **ruhige Wohngegend** zieht, bietet durch ihre strategisch günstige Lage zwischen dem Kikar Yitzhak Rabin ⑲ und dem erhöht über dem Strand liegenden Kikar Atarim einen guten Ort für eine Verschnaufpause.

Auf den **Parkbänken** inmitten des idyllischen Grünstreifens – dieser wurde sehr *userfriendly* in der Mitte der schmucken Prachtstraße angelegt – scheint der Großstadtstress fernab und das trotz des Verkehrs auf der nahe gelegenen Revov Ben-Yehuda und der Rehov Meir Dizengoff. Der alte, **Schatten spendende Baumbestand** dämpft den Lärm ab. Auch für **Hundefreunde** ist ein Besuch lohnenswert, denn die „Felltierdichte" ist hier deutlich höher als an den meisten anderen Orten der Stadt.

Wirklich einmalig ist aber die Tatsache, dass sich an praktisch jeder Kreuzung mit einer Querstraße **kleine Büdchen** *(Butke)* finden, in denen man kalte und heiße Getränke sowie auch kleine Snacks bekommt, und nicht zuletzt gibt es in der gesamten parkähnlichen Anlage frei zugängliches und kostenloses **WLAN.** Kein Wunder also, wenn der nur kurz **angelegte Boxenstopp** dann doch ein bisschen länger dauert, doch sollte das Pausieren nicht komplett zu Lasten eines Besuchs des wirklich bemerkenswerten **Ben-Gurion House** ㉒ gehen.

› Haltestelle Sderot Ben-Gurion, Bus 10

㉒ Ben-Gurion House ★★ [C5]

בית בן־גוריון

Es ist immer wieder beachtlich, wie groß die Präsenz des kleinen Staates Israel im großen Weltgeschehen ist und das Haus des ersten Premierministers und eines der Gründer der sozialdemokratischen Arbeitspartei des Landes, **David Ben-Gurion** (1886–1973), ist hierfür ein gutes Beispiel. Das unscheinbare Häuschen inmitten der urbanen Hektik war über viele Jahre die **private Residenz** von David Ben-Gurion und seiner Familie. Interessant ist, dass das hiesige Viertel zu Zeiten Ben-Gurions ein **Arbeiterviertel** war, dessen Gründung auf den Jüdischen Nationalfonds (auf Hebräisch *Keren Kayemet Le'Israel* genannt) zurückgeht.

Es war jedoch gerade seine Bodenständigkeit und die Tatsache, dass er ein Mann des einfachen Volkes war, wegen der der aus Polen stammende David Ben-Gurion sowohl im In- als auch im Ausland **große Sympathien** genoss. Davon zeugen sowohl die zahlreichen Fotografien im Erdgeschoss, auf denen man Ben-Gurion mit internationalen Gästen sieht, als auch die Briefe von Kennedy, Churchill und anderen politischen Größen.

Das **Museum** ist auch gerade dadurch interessant, das es so wirkt, als hätte der Hausherr es gerade gestern erst verlassen. So kann man das **Wohnzimmer**, das kleine **Schlafzimmer**, in dem er seine letzten Tage verbrachte, bevor er ins Krankenhaus kam, oder die **Küche** besichtigen und viele Erinnerungsstücke sind einfach so geblieben, wie der berühmte Staatsmann sie hinterlassen hat.

Aufschlussreich ist vor allem der **erste Stock**, wo man einen Einblick in die private Welt des Mannes bekommt, der in der ganzen Welt als der Vater des Staates Israel bekannt wurde. Diese Etage beherbergt ein weiteres Schlafzimmer und auch die eindrucksvolle **private Bibliothek**, die eine Sammlung von 20.000 Büchern und Zeitschriften umfasst, darunter Werke auf Altgriechisch, Deutsch, Englisch, Französisch, Hebräisch, Latein, Russisch, Spanisch und Türkisch. Schwer vorzustellen, doch von hier aus wurde ganz **große Politik** geschrieben oder wie David Ben-Gurion es so treffend formulierte: „Wer nicht an Wunder glaubt, ist kein Realist."

› 17 Sderot Ben-Gurion, Haltestelle Sderot Ben-Gurion, Bus 10, Tel. 03 5221010 oder 03 5224925, So, Di-Do 8-15, Mo 8-17 und Fr 8-13 Uhr, Eintritt frei, Besuchszeit etwa eine halbe Stunde, einziges Manko: viele Artefakte werden nur auf Hebräisch erklärt

036tv Abb.: dk

23 Namal Tel Aviv ★★★ [B2]

נמל תל־אביב

Obst und Gemüse einkaufen, wo früher Frachtschiffe anlegten? In coolen Kneipen sonnenbaden und relaxen, wo sich früher Container stapelten? Seit 2011 stellt der ehemalige Hafen Tel Avivs das neueste Vergnügungsviertel der Stadt dar.

Nach den antijüdischen Ausschreitungen in Jaffa während der 1920er-Jahre entstand schnell der Bedarf nach einem eigenen **Hafen für Tel Aviv**, doch es sollte noch bis 1938 dauern, bis dieser endlich eröffnet wurde. Sein Erfolg war jedoch mäßig und er bestand nur bis 1965, als man sich dazu entschloss, Ashdod als Hauptumschlagplatz für den maritimen Handel auszubauen und somit die Häfen in Tel Aviv und Jaffa zu schließen. In den folgenden Jahrzehnten war das Hafenareal mit seinen **gewaltigen Lagerhallen** nichts weiter als ein heruntergekommenes Viertel, in dem vorwiegend Bauma-

040tv Abb.: dk

terial gelagert wurde. Es war dabei alles andere als ein repräsentatives Fleckchen und für die meisten Stadtbewohner ein Dorn im Auge. Im Jahr 2011 entschied sich die Stadtverwaltung dann aber, den Hafen umweltgerecht zu sanieren und zu einem **boomenden Freizeitviertel** – ähnlich wie es sie in anderen Städten am Mittelmeer oder in Nordamerika gibt – zu entwickeln.

Es mag an der gekonnten Umsetzung des Projekts, aber auch an der Begeisterungsfähigkeit der Tel Avivim für das Neue liegen, dass sich der Namal in kürzester Zeit zu einem echten **„landmark“** der Stadt entwickelt hat! Wer den Yarkon-Fluss von Norden her überquert und das unansehnliche Kraftwerk hinter sich lässt, erreicht sogleich das ehemalige Hafenareal, auf dem eine etwa 20.000 m² umfassende **Holzplankenpromenade** entlang der Felsenküste nach Süden führt. Sie erfreut sich nicht nur bei verliebten Pärchen, fotowütigen Touristen und ambitionierten Skateboardfahrern größter Beliebtheit, sondern wegen des riesigen Sandkastens und der umliegenden Hügellandschaft auch bei den Kids.

Die 27 alten Lagerhallen – Hangars genannt – beherbergen mittlerweile **Restaurants und Kneipen,** Beautycenter und **hippe Boutiquen.** Im zentralen Teil des Hafens gibt es sogar einen kleinen, aber **feinen Markt** (s. S. 20). Hier erstreckt sich auch das alte Hafenbecken mit dem verrosteten Ladekran, an dem jeden Freitag ein netter **Bauernmarkt** abgehalten wird. Wandert man weiter nach Süden, erreicht man schnell den Strandabschnitt nördlich des Hilton Hotels, wo die **Tayelet** 7 genannte Strandpromenade beginnt. Doch der Namal ist nicht nur tagsüber und bei Sonnenschein „the place to be“, auch das **Nachtleben** bietet hier reichlich Möglichkeiten und die auf dem Areal angesiedelten Klubs zählen zu den besten der Stadt.

› Namal Tel Aviv, Haltestelle Sha'ar Tzion, Bus 11

Der Namal Tel Aviv wirkt nur noch an wenigen Stellen wie ein echtes Hafengebiet

Im Namal ist praktisch rund um die Uhr Action angesagt

Ramat Aviv

Überquert man den Yarkon-Fluss nach Norden, gelangt man nach Ramat Aviv. Dieser Stadtbezirk besteht aus mehreren Stadtteilen und beherbergt neben weitläufigen (teilweise recht exklusiven) Wohngebieten den größten Teil des Yarkon Park (s. S. 44), den Inlandflughafen Sde-Dov sowie die Universität Tel Aviv (25), in der das hervorragende Diaspora-Museum Beit HaTfutsot (26) angesiedelt ist. Weitere Highlights stellen das Eretz Israel Museum (24), das Palmach Museum (s. S. 41) und das größte Einkaufszentrum des Großraums Tel Aviv, die Ramat Aviv Mall (s. S. 16) dar. Die Infrastruktur des Bezirks ist ansonsten aber nicht auf Besucher ausgelegt, so fehlen im Unterschied zum Stadtzentrum Cafés und Lokale und die Entfernungen zwischen den einzelnen Sehenswürdigkeiten bieten sich gerade im Sommer nicht für einen Spaziergang an.

(24) Eretz Israel Museum ★★ [S. 144]

מוזיאון ארץ ישראל

Fast direkt am nördlichen Ufer des Yarkon-Flusses befindet sich das Museum des Landes Israel (Eretz Israel), in dem man einen umfassenden Einblick in die Kunstfertigkeiten der Israeliten, aber auch anderer Völker, die im Laufe der Jahrhunderte auf dem heutigen Staatsgebiet lebten, bekommt.

Beim Eretz Israel Museum handelt es sich um einen reizvoll gestalteten, recht **ausgedehnten Komplex**, der um den antiken Philisterhafen **Tel Qasile** angelegt wurde und aus **acht Pavillons** besteht, die jeweils einem besonderen Schwerpunkte gewidmet sind: Das **Glasmuseum** mit seiner herausragenden Sammlung beschäftigt sich mit der Glasherstellung, das **Kadman Numismatic Museum** spürt der Historie der Münzen nach (auch hier sind die Ausstellungsstücke weitestgehend einzigartig), der **Ceramics Pavilion** dokumentiert Töpferkunst und Keramiken vorwiegend arabischer Machart – hier befindet sich auch der Nachbau eines **israelitischen Hauses** aus der Zeit des Ersten Tempels. Im **Man and His Work Center** wird die Entwicklung orientalischer Handwerkstechniken nachgezeichnet und im **Nehushtan Pavilion** sieht man Funde aus den Kupferminen im Timna-Tal im Süden des Landes. Außerdem findet sich im Museum ein **Folklore-Pavillon** mit Artefakten jüdischer Kunst, das **Alphabetmuseum**, das sich mit der Entwicklung der Schrift beschäftigt, und das **Alexander Museum**, das sich der Geschichte der israelischen Kunst sowie der Philatelie widmet.

Auf dem weitläufigen und **üppig begrünten Gelände** gibt es außerdem ein paar weitere Sehenswürdigkeiten wie eine **alte Ölpresse**, einen orientalischen **Handwerksmarkt**, ein **Planetarium** (Erklärungen bis dato leider nur auf Hebräisch), eine durchaus aufschlussreiche, audiovisuelle Show namens „Tel Aviv, the ancient town, the modern city", einen beschilderten Rundweg durch die Grundmauern der oben erwähnten **Philistersiedlung** und des Tempelareals, die auf das 12. Jahrhundert v. Chr. zurückgehen, sowie diverse Wechselausstellungen und einen gut bestückten Museumsshop. Kurz: Bei Interesse an einem oder mehreren der hier erläuterten Wissensgebiete oder an den wahrscheinlich ältesten Ausgrabungen in diesem Teil der Stadt lohnt sich ein

Besuch des Eretz Israel Museums auf jeden Fall, wenn auch die **Didaktik** des Museums leider etwas veraltet erscheint und z. B. für Kinder wohl nur bedingt mitreißend sein dürfte.

› Eretz Israel Museum, 2 Rehov Haim Levanon, Haltestelle Eretz Israel Museum, Bus 7, 25, 27, Tel. 03 6415244, www.eretzmuseum.org.il, So–Mi 10–16, Do 10–20, Fr, Sa 10–14 Uhr, Eintritt: 48 NIS, ermäßigt 32 NIS (Museum und Planetarium 74 NIS, ermäßigt 32 NIS), Besuchszeit mindestens zwei Stunden

25 Tel Aviv University ★ [S. 144]

אוניברסיטת תל־אביב

Die bemerkenswerte Universität Tel Avivs ist eine der größten und namhaftesten des Landes und bietet ein breites Spektrum an Studiengängen. Ein Besuch des großzügig angelegten Campus ist auch für Nicht-Studierende problemlos möglich.

Etwa 29.000 Hochschüler studieren heute an der Tel Aviv University und viele von ihnen bilden die zukünftige Elite Israels. Die Universität eröffnete im Jahre 1956, als man mehrere kleinere **Hochschulen** und **Institute**, die bereits seit den 1930er-Jahren bestanden, zusammenschloss und hier in Ramat Aviv den Grundstein für das Hochschulgelände legte. Vorher befand sich an dieser Stelle das **arabische Dorf Ash-Shaikh Mu'annes**, dessen Bewohner aufgrund des Arabisch-Israelischen Krieges von 1948 geflohen waren. Teile der Grundstücke, auf denen sich die Hochschule heute befindet, wurden dabei legal abgekauft, andere jedoch schlichtweg besetzt. Das einzig erhaltene Haus des Dorfs beherbergt mittlerweile das **Klubhaus** und die **Mensa** der Universität.

034tv Abb.: dk

Heute präsentiert sich die Tel Aviv University mit über 90 Instituten als ein ausgesprochen entspannter Campus, denn zwischen den Gebäuden der Fakultäten gibt es **reichlich Grünflächen** und eine Vielzahl von **Cafeterias**, in denen man auch im Freien ausspannen oder angestrengt studieren kann. Besucher sollten das Gelände von der Rehov Chaim Levanon kommend durch das **Frenkel Gate** betreten und dann die Sderot Henry Gildred entlang nach Westen gehen. Auf den Wiesen sind einige **moderne Skulpturen** zu betrachten und nach knapp 500 m erreicht man die sowohl architektonisch als auch für Judaica-Begeisterte sehenswerte **Cymbalista-Synagoge** (Männer benötigen zur Besichtigung eine Kopfbedeckung). Das Highlight eines Universitätsbesuches stellt hingegen das 1978 eröffnete Museum **Beit HaTfutsot** 26 dar, das selbst Geschichtsmuffel begeistern wird.

› Tel Aviv University Campus, Frenkel Gate No. 7, Rehov Haim Levanon, Haltestelle Tel Aviv University, Bus 7, 25, 27 Sherut 4א, Tel. 03 7457800, www.tau.ac.il, Eintritt frei

Von außen und innen interessant: die Cymbalista-Synagoge auf dem Uni-Campus

26 Beit HaTfutsot ★★★ [S. 144]

בית התפוצות

Wer in Tel Aviv nur einen Museumsbesuch „verkraftet", der sollte sich unbedingt für das Museum der jüdischen Diaspora – auf Hebräisch Beit HaTfutsot genannt – entscheiden, denn hier bekommt der Besucher eine didaktisch gelungene Einführung in 4000 Jahre jüdischer Geschichte.

Das zur Universität Tel Aviv 25 gehörende Beit HaTfutsot befindet sich inmitten des Campus und trägt den Beinamen **Nahum Goldmann** nach dem Gründer und langjährigen Präsidenten des Jüdischen Weltkongresses (1895–1982), der federführend an den Verhandlungen mit der Bundesrepublik Deutschland bezüglich der Reparationszahlungen beteiligt war. Das Museum dokumentiert die **geografische Zerstreuung** der Juden in alle Welt. Dies mag trocken klingen, doch aufgrund der Fülle von **alten Filmaufnahmen** (in englischer Synchronisation) und ausgesuchter Artefakte wird ein Besuch der drei Stockwerke umfassenden Ausstellung wirklich nicht langweilig. Mit etwas vorheriger Einführung ins Thema sollten sogar Kinder ab ca. 10 Jahren hier einiges mitnehmen können. An **Modellen** und **Bildern, Fotos, Karten** und historischen Ausstellungsstücken wird das Leben der Juden im **Exil** von Ägypten bis nach Spanien, Äthiopien, in den Jemen oder an den Rhein nachgezeichnet und auch ihre **Verfolgung** wird thematisiert, beginnend bei den Babyloniern über die Römer bis hin zu den Nazis. In diesem letzten Zusammenhang sollte man auch keinesfalls das **eindrucksvolle Holocaust-Mahnmal** beim Aufgang in die beiden oberen Stockwerke übersehen.

Außerdem erfährt man im Beit HaTfutsot auch eine Menge über **jüdische Bräuche**, das Familienleben, die **Feiertage** und die Architektur der **Synagogen** – anschaulich an 18 Modellen heute meist nicht mehr existierender Gebäude erläutert. Ein weiteres Thema ist das **alltägliche Leben in den Gemeinden der Diaspora**, darunter auch das der Menschen, die sich im Mittelalter in Deutschland niedergelassen hatten, das man damals auf Hebräisch als **Aschkenas** bezeichnete. So bekommt man sogar einen Einblick in ehemals lebendige Zentren jüdischen Lebens wie Speyer, Worms oder Mainz.

Wer auf die Suche nach **seinen (jüdischen) Wurzeln** gehen möchte, bekommt über das digitale Informationszentrum im ersten Stock die Möglichkeit, etwas über die Herkunft seiner Familie zu erfahren und im Gegenzug seinen ganz privaten Stammbaum ins Netzwerk des Museums einzuspeisen. Den Abschluss der Dauerausstellung bildet der Bereich **Return to Zion**, in dem über die diversen Immigrationswellen von Juden nach Israel berichtet wird. Auch hier legen auf gekonnte Weise Einzelschicksale von „Zurückgekehrten" Zeugnis über die Vielfältigkeit des modernen Israel ab.

KLEINE PAUSE

Lust auf Mittagessen?

In den Arkaden versteckt hinter dem Clock Tower, liegt das für sein Shawarma (ähnlich dem Döner-Kebap) und Shakshuka (gebratene Eier in Tomatensauce) bekannte tripolitanische Restaurant **Dr. Shakshuka.**

191 [B12] **Dr. Shakshuka,** Beit HaEshel 3, Tel. 03 5186560, So–Do 8–24 Uhr, Fr 8–17 Uhr und Sa 19–24 Uhr

In den unteren Räumen des Gebäudes findet zusätzlich auch immer eine **Wechselausstellung** statt, für die man allerdings einen Aufpreis von 20 NIS bezahlen muss. Wer sich vor oder nach dem Museumsbesuch stärken möchte, findet in unmittelbarer Nähe des Museumseingangs mehrere **Cafeterias** und Souvenirfans werden sicher im kleinen, aber feinen Museumsshop fündig.

› Tel Aviv University Campus, Frenkel Gate No. 7, Rehov Haim Levanon, Haltestelle Tel Aviv University, Bus 7, 25, 27, Sherut 4א, Tel. 03 7457800, www.bh.org.il, So–Di 10–16, Mi/Do 10–17, Fr 9–13 Uhr, Eintritt: 42 NIS, ermäßigt 32 NIS, mindestens zwei Stunden Besuchszeit einplanen

Jaffa

Jaffa – auf Hebräisch Yafo und auf Arabisch Yafa – bildet den südlichen Abschnitt Tel Avivs. Anders als der Rest der Stadt blickt Jaffa auf eine lange Geschichte zurück, hat es doch einen der ältesten Häfen der Welt. Bis 1948 war Jaffa eine vorrangig arabische Stadt, bis sie von jüdischen Truppenverbänden besetzt wurde und ein Großteil der Araber floh, seitdem ist es ein Stadtteil Tel Avivs, das seit 1950 offiziell Tel Aviv-Yafo genannt wird. Heutzutage leben rund 46.000 Menschen in Jaffa, von denen etwa 16.000 Araber und der Rest Juden sind. Doch baulich ist das orientalische Erbe immer noch präsent, finden sich doch hier malerische Gassen mit Häusern aus der osmanischen Zeit. Das Zentrum um den Clock Tower 27 ist zwar nahezu komplett in die Hände von Händlern übergegangen, die sich auf Touristen-Souvenirs spezialisieren – denn Jaffa stellt mit seinem Kikar Kedumim 29 und der Saint Peter Church 30 den touristischen Haupttrampelpfad Tel Avivs dar –, aber wer die angrenzenden Sträßchen von Ajami 33 oder Noga 32 besucht, der bekommt ein geradezu beschauliches Bild eines Viertels, das immer noch nicht so richtig zum boomenden und pulsierenden Rest Tel Avivs passt.

27 Clock Tower ★★ [B12]

מגדל השעון

Noch mehr Jaffa als am Uhrturm geht kaum, denn das Bauwerk aus der osmanischen Zeit bildet in jeder Hinsicht das Wahrzeichen dieses Teils der Stadt und stellt somit den geografischen Nullpunkt einer Jaffa-Begehung entlang der quirligen Rehov Yefet dar.

Erbaut wurde der **dreistöckige Turm** in den Jahren 1900 bis 1906 unter der Leitung von Joseph Beys Moyal, um des 30-jährigen Jubiläums der Herrschaft des osmanischen **Sultans Abdul Hamid II.** (1842–1918) zu gedenken. Ein beträchtlicher Teil der Baukosten bestand aus Spenden der Einwohner Jaffas, und zwar gleichermaßen von Arabern und von Juden. Die **Baupläne** orientierten sich am Uhrturm von Khan Al-Umdan in Akko, der dem gleichen Zweck gewidmet wurde. Der Clock Tower ist für Touristen vor allem als **Fotomotiv** interessant, nicht zuletzt wegen der **kunstvoll gearbeiteten Mosaikfenster**, die Ereignisse aus der Geschichte des Ortes darstellen. Zwar kann der Turm nicht bestiegen werden, aber von hier aus sollte man zu einem Spaziergang durch das lebendige Viertel entlang der **Rehov Yefet** aufbrechen und im Umkreis auf die weiteren Gebäude aus der osmanischen

Epoche wie dem **Seraya** genannten ehemaligen türkischen Regierungsgebäude, dem einstigen Gefängnis namens **Kishle** oder der **Mahmudiya-Moschee** 28 achten.

Südöstlich des Clock Tower befinden sich ein paar Souvenirläden und wem nach einem kleinen Snack ist, der sollte die Rehov Yefet nach Süden laufen und an der **Bäckerei Abulafia** (Hausnummer 7) einen Stopp einlegen, denn die u. a. hier angebotenen *Sambusak* (gefüllte Teigtäschchen) sind mehr als suchtverdächtig! Genug geschlemmt? Wie wäre es dann mit einem Besuch des **Flohmarkts Shuk HaPishpeshim** (s. S. 20) im Gassengewirr zwischen der Rehov Yefet und der Sderot Yerushalayim? Hier kann man vom gebrauchten Fön oder Toaster bis hin zu dem einen oder anderen **Schnäppchen für Retro-Freunde** wirklich alles ergattern. Allerdings ist der authentische Trödelmarkt nur im Bereich um die Rehov Amiad beheimatet, während in der Rehov Oley Tzion, der Rehov Rabbi Hanina sowie der Rehov Rabbi Pinhas Ben Ya'ir normale Geschäfte ihre Waren feilbieten.

› Rehov Yefet, Haltestelle Migdal HaSha'on, Bus 10

037tv Abb.: dk

28 Mahmudiya-Moschee ★ [B12]

מסגד מחמודיה

Wer sich für die Geschichte der Araber Jaffas interessiert, sollte einen Blick in die Mahmudiya-Moschee werfen. Sie stellt nicht nur die größte und bedeutendste ihrer Art in diesem Teil der Stadt dar, sondern ist inmitten des lebendigen Geschäftsviertels auch ein Symbol für die arabisch-muslimische Präsenz.

Die Moschee besteht aus einem **Komplex mehrerer Gebäude**, die stilvoll um zwei große verbundene Innenhöfe – an der Südmauer befindet sich ein sehenswerter **Brunnen** – und einen dritten, kleineren Hof angeordnet sind. Erbaut wurde das gesamte Areal in verschiedenen Stadien ab dem Jahr 1730, ursprünglich auf Befehl des osmanischen Gouverneurs Scheich Muhammad al-Khalili. Später folgten weitere Teile unter der Herrschaft Sulaiman Paschas, dem Gouverneur von Akko. Der Hauptteil der sich heute präsentierenden Moschee inklusive des **Ehrenhofs** im westlichen Teil mit seinen **Arkaden**, der großen, rechteckigen, durch zwei große flache Kuppeln bedeckten **Gebetshalle** und dem **schlanken Minarett** wurde 1812 vom osmanischen Gouverneur von Gaza und Jaffa, Muhammad Abu Nabbut, erbaut. Viele der hier verwendeten römischen Säulen stammen übrigens ursprünglich aus Caesarea und Ashkelon.

‹ Der Clock Tower ist das unangefochtene Wahrzeichen Jaffas

› Der Kikar Kedumim bietet auch architektonisch Abwechslung von der modernen Innenstadt Tel Avivs

Man betritt die Moschee heute nicht mehr durch das sog. **Tor der Gouverneure** auf der Rehov Ruslan, sondern von Westen her und sollte danach linker Hand im Büro um die Erlaubnis für einen Besuch bitten (tägl. 9–16 Uhr, außer freitags zum Mittagsgebet), denn es handelt sich um ein aktiv genutztes Gotteshaus. Nach einem Besuch sollte man auf jeden Fall ein wenig durch das umliegende Lokal- und Geschäftsviertel wandeln oder z. B. zum Mittagessen bei **Shabtai HaYafe** (s. S. 93) einkehren.

› Rehov Mifrats Shlomo, Haltestelle HaSha'on Square, Bus 10, 88

29 Kikar Kedumim ★★★ [A12]

כיכר קדומים

Folgt man der Rehov Mifrats Shlomo bergan, erreicht man den Kikar Kedumim, den zentralen Platz des touristischen Jaffa, von dem aus sich einem nicht nur ein wunderschöner Ausblick über die Küstenlinie eröffnet, sondern von wo man auch hinunter in die Tiefe steigen kann, um etwas über das alte Jaffa zu erfahren. Auf der Rehov Mifrats Shlomo sollte man noch den Kanonen Beachtung schenken, die angeblich von Napoleons Armee zurückgelassen wurden.

Der oberhalb der Küste liegende Kikar Kedumim bildet den Kern des für Besucher interessanten Teils Alt-Jaffas. Der große Platz wird an der Nordseite von der **Saint Peter Church** 30 flankiert und bietet ein paar Lokale und Souvenirshops. In der Mitte befindet sich eine **unterirdische Ausgrabungsstätte** aus griechischer und römischer Zeit, die auf der archäologischen Erlebnistour **Jaffa Tales** mit reichlich audiovisuellen „Showeinlagen" erkundet werden kann (mit Audioguide, auch auf Deutsch). Am

038tv Abb.: ab

Westrand des Platzes, quasi einen Häuserblock nach der Kirche, eröffnet sich ein toller Blick auf den Hafen. In der Brandung erkennt man den **Felsen der Andromeda**, an den der griechischen Mythologie zufolge die schöne Frau – auf das Meeresungeheuer wartend – gefesselt war, bis sie der Halbgott Perseus befreite. Sehenswert ist auch der östlich des

KLEINE PAUSE

Fisch beim schönen Shabtai

Das beliebteste und vielleicht auch beste Fischrestaurant im alten Teil Jaffas ist Shabtai HaYafe – „Shabtai der Schöne" – gegenüber der Hassan-Bek-Moschee.

192 [B12] **Shabtai HaYafe,** Rehov HaHalfanim 7, Tel. 03 6832250, So–Do 12–24 Uhr, Fr 12–17 Uhr und Sa 19–24 Uhr

Platzes gelegene Park **Gan HaPisgah** (s. S. 44), in den eine Steintreppe, eine Holzbrücke – die sog. **Wunschbrücke**, da man hier sein Sternzeichen berühren, gen Meer sehen und einen Wunsch aussprechen soll – und ein Fußweg führen. Der Park befindet sich auf dem Hügel Tel Yafo, von dem man wohl einen der besten Blicke über die Küstenlinie und Tel Aviv hat. Hier befindet sich das **Standbild des Glaubens**, das den Fall von Jericho, Isaaks Opferung und Jakobs Traum darstellt, und man kann einige historische Ausgrabungsstätten, u. a. des pharaonischen Ägypten, wie den **Ramses-Torbogen** im südlichen Teil des Parks, besichtigen. Zwar nicht historisch, aber dennoch eindrucksvoll ist das **Amphitheater**, in dem noch ab und zu Theatervorstellungen oder Konzerte stattfinden.

Wer den Kikar Kedumim verlassen möchte, sollte dies über die Gasse Mazal Moznaim links der Saint Peter Church tun, denn hier wandelt man auf den Spuren des **befestigten Jaffa** bis hinunter zum **Namal Yafo** 31 genannten Hafen. Wer sich für die Architektur des alten Jaffa interessiert, der sollte das **Ilana Goor Museum** (s. S. 41) besuchen. Zwar stehen hier Kunstobjekte der israelischen Künstlerin Ilana Goor im Vordergrund, doch das Museum befindet sich in einem aufwendig renovierten, ehemaligen Pilgerheim aus dem 18. Jahrhundert.

› Kikar Kedumim, Haltestelle HaSha'on Square, Bus 10, 88
› **Jaffa Tales:** Infos zu den Augrabungen und zur Tour bekommt man im Visitor Center im südlichen Teil des Platzes, www.oldjaffa.co.il, Tel. 03 5184015, So–Do, Sa 9–20 Uhr (im Winter nur bis 17 Uhr) und Fr 9–17 Uhr (im Winter nur bis 15 Uhr), Preis für die Tour 30 NIS

30 Saint Peter Church ★★ [A12]

כנסיית פטרוס הקדוש

Ursprünglich gab es an dieser Stelle eine von Friedrich II. zu Beginn der zweiten Hälfte des 13. Jahrhunderts errichtete und von Ludwig IX. von Frankreich restaurierte **Kreuzritterburg**, doch 1654 entschied man sich, zu Ehren des **heiligen Petrus** eine katholische Kirche zu errichten. Gemäß der **Apostelgeschichte** (9:36–43 und 10:1–4) hatte Petrus, einer der Jünger Jesu, an dieser Stelle Tabitha von den Toten auferweckt.

Im späten 18. Jahrhundert wurde die Kirche zweimal zerstört und in Folge jedes Mal wieder neu erbaut. Die derzeitige Struktur wurde zwischen 1888 und 1894 geschaffen und zuletzt im Jahr 1903 renoviert. Man erkennt die Saint Peter Church mit ihrer **hohen Backsteinfassade** und dem hoch aufragenden **Glockenturm** praktisch von überall und auch innerhalb der Altstadt von Jaffa ist sie das markanteste Gebäude. Dies war gewollt, denn sich nähernde Pilger sollten sie bereits vom Schiff aus wahrnehmen. Das Innere der Kirche mit ihrer hohen, **gewölbten Decke** und den Wänden aus **Marmor** erinnert an Kathedralen in Europa. Die **Glasfenster** wurden in München von dem renommierten Künstler Franz Xaver Zettler hergestellt. Sie zeigen mehrheitlich spanische Heilige, da das Gebäude in seiner jetzigen Form unter spanischer Leitung errichtet wurde und viele der **Gemälde** stellen Episoden aus dem Leben des heiligen Petrus dar. Bemerkenswert ist auch die geschnitzte **Kanzel**, die die Form eines Baumes hat.

Auf der rechten Seite der **Sakristei** befinden sich noch Reste der alten Festung, darunter auch zwei kreis-

förmige Räume mit Schießscharten. Angeblich lebte **Napoleon Bonaparte** 1799 während seines Feldzuges in Ägypten und Syrien kurzzeitig in diesen Räumen. Zur Kirche gehört ein **Kloster**, in dem die **Botschaft des Vatikans** residiert. Schräg unterhalb des Klosters befindet sich außerdem die griechisch-orthodoxe Saint Michael Church.

› Kikar Kedumim, Haltestelle HaSha'on Square, Bus 10, 88

Ein Besuch der geschichtsträchtigen Saint Peter Church sollte in Jaffa unbedingt zum Programm gehören

31 Namal Yafo ★★ [A13]

נמל יפו

Ob auf ein Foto des beschaulichen Fischereihafens und des kleinen Leuchtturms oder einfach nur, um die erfrischend natürliche Leichtigkeit dieser Gegend zu erschnuppern, ein Spaziergang durch den Hafen Jaffas ist sicher eine gelungene Abwechslung zum Trubel im Rest der Stadt.

Im äußersten Süden des Küstenstreifens von Tel Aviv, am Fuße der Altstadt von Jaffa, erstreckt sich der Namal Yafo, der über viele Jahrhunderte ein wichtiger Hafen war, so z. B. für in Palästina produzierte Zitrusfrüchte – darunter die berühmten **Jaffa-Orangen.** Sie sind übrigens ein Grund, weshalb Tel Aviv-Yafo in Anlehnung an den Big Apple häufig *HaTapus HaGadol* – „große Orange" – genannt wird.

Heute ist man im Hafen weit entfernt von der autogeplagten Innenstadt und den überlaufenen Shoppingdistrikten. Den kleinen Hafen teilen sich die **Fischer, Segel- und Katamaran-Schulen** und die Betreiber von **Ausflugsbooten.** Hinzu kommen vor allem abends und am Wochenende die Besucher der hiesigen Lokale sowie der Handvoll Geschäfte und Galerien. Richtig voll wird es kurzzeitig höchstens mal, wenn zusätzlich Touristengruppen die steile Treppe vom Kikar Kedumim 29 herunterstolpern. Ansonsten gehört dieser Abschnitt der Bucht zuallererst den Fischern, die morgens auf ihren bunten Booten in See stechen und am Nachmittag im Schatten ihre Netze flicken. Apropos Fisch: Die **Restaurants** und **Bars** in unmittelbarer Hafennähe wie das reizende Container (s. S. 26) und das HaZaken ve HaYam (s. S. 27) haben sich – wen wunderts – auf **Meeresgetier** spezialisiert. Doch nicht nur wegen der Fische, des Meeres und des **grandiosen Panoramas** lohnt es sich, den Hafen Jaffas zu besuchen. Wem der Sinn nach Action steht, der kann sich direkt am Hafen ein **Kajak** mieten und geradewegs von hier in See stechen (Infos: www.kayak4all.com, Tel. 054 7757076) und eine Vorstellung im **Nalaga'at Center** (s. S. 36) wird nicht nur ausgesprochene Theaterfans faszinieren.

› Retsif Ha'aliyah HaShniya, Haltestelle HaSha'on Square, Bus 10, 88

041tv Abb.: dk

32 American Colony und Noga ★ [C11]

המושבה האמריקאית ונוגה

Jenseits der Sderot Yerushalayim und südlich von HaTachana 13 liegen zwei kleine, aber in den letzten Jahren **sehr in Mode** gekommene Stadtviertel. Im Norden handelt es sich um die **American Colony**, deren Name auf 35 christliche Familien aus Jonesport, im US-amerikanischen Bundesstaat Maine zurückgeht, die 1866 ihre Heimat verließen und mit Sack und Pack ins Heilige Land reisten und hier eine Siedlung mit typisch amerikanischen **Holzhäusern** errichteten. Zwar verkauften sie bereits einige Jahrzehnte später die „Kolonie"

◁ Der alte Leuchtturm bildet das Lieblingsfotomotiv am Namal Yafo

▷ Nicht nur zweibeinige Besucher begeistern sich für die Gässchen Jaffas

an die **deutsche Tempelgesellschaft**, doch bis heute stehen hier in der Rehov Bar Hofman die kleine, aber sehenswerte **Beit-Immanuel-Kirche**, in der häufig **Orgelkonzerte** stattfinden, sowie mehrere niedrige, originalgetreu nachgebildete Holzhäuser, von denen sich in einem das **Maine Friendship House** mit einem Museum zur Geschichte der christlichen Siedler befindet.

Südlich der American Colony erstreckt sich das bei Künstlern und Designern beliebte Viertel **Noga** mit seiner osmanischen Bausubstanz. Noga ist speziell durch die Rehov Eilat mit ihren Galerien, Möbel- und Autowerkstätten und die Sderot Yerushalayim mit dem **HaGesher Theatre** (s. S. 36) sowie den umliegenden kleinen Gässchen wie die **Rehov Tirza** mit ihren Bars, z. B. dem **Saloona** (s. S. 34), und Restaurants jeglicher Couleur geprägt. Überquert man die Derech Shalma nach Süden, gelangt man in den unattraktiveren Teil des Viertels, der gerade in den letzten Jahren eine rege Bautätigkeit aufwies und sich heute in einem neuen sandsteinfarbenen Outfit präsentiert. In der ganzen Stadt berühmt ist dieser Teil Jaffas auch dadurch, dass sich hier das 14.700 Sitzplätze fassende **Bloomfield Stadium** (R. She'erit Yisrael) befindet, in dem die lokalen **Fußballteams** Hapoel Tel Aviv, Maccabi Tel Aviv und Bnei Yehuda Tel Aviv beheimatet sind.

› Rehov Eilat, Haltestelle Avni Institute/Elat, Bus 40, 41

★193 [C11] **Beit-Immanuel-Kirche,** Rehov Bar Hofman, www.immanuelchurch-jaffa.com

★194 [C11] **Maine Friendship House und Museum,** Rehov Bar Hofman, Öffnungszeiten Museum: Fr/Sa 9–15 Uhr, Eintritt frei

042tv Abb.: dk

33 Ajami ★ [B13]

עג'מי

Das südlich des Kikar Kedumim gelegene Ajami bildet den **arabischsten Teil Jaffas**, auch wenn man hier keine Bilderbuchszenen aus 1001 Nacht erwarten darf. Gegründet wurde Ajami vorrangig von **christlichen Maroniten** während der osmanischen Herrschaft am Ende des 19. Jahrhunderts, doch benannt wurde es nach Ibrahim al-Ajami, einem der Gefährten des Propheten Mohammed, denn laut einer lokalen Überlieferung soll er im Süden dieses Stadtteils beigesetzt worden sein. Interessant sind bei einem Spaziergang durch Ajami entlang der Rehov Yefet gen Süden die vielen **orientalisch anmutenden Gebäude** mit großzügig angelegten **Innenhöfen**, von denen man sich einige – z. B. als Abstecher in die Rehov HaTninim – ansehen kann. Dort, wo

KLEINE PAUSE

Das Beste, was eine Kichererbse werden kann!

195 [A13] **Ali Karavan** €, 1 R. HaDolphin. Nein, nur weil es hier das wohl beste Hummus Israels gibt, strömen die Gäste mittags nicht jeden Tag ins Ali Karavan, das man auch Abu Hassan nennt. Es ist die Atmosphäre in diesem einfachen Familienlokal im arabischen Herzen Jaffas, das es so populär macht. Garantiert 100 % Tel Aviv!

die Rehov Louis Pasteur von der Rehov Yefet nach Westen abzweigt, befindet sich auf der gegenüberliegenden Seite das schmucke **Collège des frères**, eine christliche Schule, die 1882 von den französischen Lasalliens-Mönchen („Brüder der christlichen Schulen") gegründet wurde. Folgt man der Rehov Yefet weiter, erreicht man auf der linken Seite die **Terra Santa High School**, in der vorrangig christlich-arabische Kinder unterrichtet werden, und direkt daneben die imposante und doch relativ schlicht wirkende, 1932 erbaute katholische **Saint Antony's Church**, deren Eingang mit etwas Glück offen ist.

Zurück an der Brücke, folgt man der Rehov Yehuda HaYamit nach Westen. Linker Hand geht es nun zu **Ali Karavan** (s. S. 98), dem vielleicht besten Hummus-Lokal Israels. Zwar hat das auch Abu Hassan genannte Restaurant nur mittags auf und meist muss man etwas warten, bis man einen Tisch bekommt, doch ein Erlebnis der ganz besonderen Art ist hier nicht nur im gastronomischen Sinne garantiert.

Südlich des Lokals besteht Ajami aus einem relativ unattraktiven, teilweise sogar etwas **heruntergekommenen Wohngebiet**, das immer wieder durch Immobilienskandale samt Zwangsräumungen, Hausbesetzungen und Abrissanordnungen auf sich aufmerksam macht. Fans von Fischgerichten zieht es noch in die Rehov Kedem, denn hier befinden sich das einzigartige **HaZaken ve HaYam** (s. S. 27), aber auch weitere Lokale, die sich auf Meeresgetier spezialisiert haben.

› Rehov Yefet, Haltestelle Yefet/Louis Pasteur, Bus 10

HaKol BeSeret – Tel Aviv im Film

*Tel Aviv ist das **Zentrum der Israelischen Filmindustrie** und so manche Produktion der letzten Jahre eignet sich, um das Leben im Land und speziell in der Stadt etwas besser zu verstehen. So z. B. „Ajami" (2009, von Scandar Copti und Yaron Shani), der von Einzelschicksalen israelischer Araber erzählt; „Alles für meinen Vater" (2008, von Dror Zehavi) über die ungewöhnliche, kurze Liebesgeschichte zwischen einer Jüdin und einem Palästinenser; „Jellyfish" (2007 von Shira Geffen und Etgar Keret) über drei Frauen in unerwarteten Situationen; „Paradise Now" (2005, von Hany Abu-Assad), über die Geschichte von zwei palästinensischen Selbstmordattentätern; „The Bubble" (2006, von Eytan Fox) über vier junge Menschen und deren Leben in der Stadt; „Geh und Lebe" (2005, von Radu Mihaileanu),ein grandioser Film über einen farbigen Jungen, der im Zuge der Operation Moses aus einem sudanesischen Flüchtlingslager nach Israel kommt.*

Praktische Reisetipps

044tv Abb.: dk

An- und Rückreise

Nach Tel Aviv zu kommen, ist kein Problem! Die Stadt ist das zentrale Verkehrsdrehkreuz Israels, doch durch die außenpolitische Situation ist eine Anreise aus dem Ausland nur per Flugzeug und Schiff bzw. aus Ägypten und Jordanien auch per Bus möglich.

EXTRAINFO

Ausweis für Kinder

Seit 2012 benötigen auch Kinder von 0 bis 16 Jahren für eine Auslandsreise **eigene Ausweispapiere** (Kinderreisepass/Reisepass) mit einem aktuellen Foto. Der Eintrag im Pass der Eltern ist nicht länger gültig.

Mit dem Flugzeug

Air Berlin, Arkia Israel Airlines, Austrian Airlines, EasyJet, El Al, Fly Niki, Germanwings, Israir Airlines, Lufthansa, Sun d'Or und Swiss fliegen von zahlreichen deutschen, österreichischen und Schweizer Flughäfen direkt nach Tel Aviv. Außerdem verbinden viele weitere **Fluggesellschaften** wie Air France, Alitalia, KLM, Royal Jordanian Airlines und Turkish Airlines Städte in Deutschland, Österreich und der Schweiz indirekt mit Tel Aviv. Je nach Entfernung dauert ein **Direktflug** aus Mitteleuropa zwischen dreieinhalb und viereinhalb Stunden. Mit etwas Glück und einer frühzeitigen Buchung – möglichst außerhalb der Schulferien und nicht zu jüdischen Feiertagen – kostet ein Hin- und Rückflug ab 280 €.

Der **Ben-Gurion International Airport** liegt etwa 15 km südöstlich des Stadtzentrums und ist über die Autobahn 1 mit der Stadt verbunden.

Am einfachsten gelangt man für 16 NIS mit dem halbstündlich fahrenden **Zug** (So–Do rund um die Uhr, Fr bis ca. 14, Sa ab ca. 19.30 Uhr, Ticket am Fahrkartenautomat oder Schalter) von der Station unterhalb des Ankunftsterminals zu den drei Bahnhöfen der Stadt: HaHagana, HaShalom und Tel Aviv Savidor Merkaz (Fahrtzeit 20–30 Minuten).

Alternativ fährt man mit dem **Egged-Bus 5** (So–Do 5–22 Uhr, Fr bis ca. 16 und Sa ab ca. 18 Uhr) in Richtung Airport City und steigt an der El Al Junction aus. Von dort geht es mit der **Buslinie 475** (alle 20–30 Minuten) bis zum zentralen Busbahnhof. Tickets gibt es direkt im Bus (15 NIS), die Fahrzeit dauert insgesamt etwa 45 Minuten.

Eine **Taxifahrt** vom Flughafen in die Stadt oder umgekehrt sollte zwischen 100 und 150 NIS kosten, wobei die Fahrtzeit je nach Verkehrslage zwischen 25 und 45 Minuten dauern kann.

› **Ben-Gurion International Airport,** Tel. 03 9755555, www.iaa.gov.il/Rashat/en-US/Airports/BenGurion/

Als „Alternative" zum Ben-Gurion International Airport gibt es noch den in **Ramat Aviv**, nördlich des Kraftwerks Reading Power Station gelegenen **Flughafen Sde-Dov**, der jedoch fast ausschließlich für Flüge nach und von Elat am Roten Meer dient. Wer einen

▷ *Bitte festhalten!*
Durch Tel Aviv kommt man mit Bus, Sherut oder Taxi.

◁ *Vorseite: So bitte nicht!*
Bei der Parkplatzsuche sollte die Kreativität ihre Grenzen haben.

Inlandflug gebucht hat, sollte unbedingt darauf achten, ob dieser von hier – der Flughafen wird auch Dov Hoz Airport genannt – oder von Ben-Gurion aus geht.

- **Dov Hoz Airport**, Tel. 03 6984500, www.iaa.gov.il/Rashat/en-US/Airports/SdeDov/

Mit dem Schiff

Tel Aviv verfügt über keine internationalen **Schiffsverbindungen.** Wer über den Seeweg nach Israel kommt, geht in der Regel in Haifa oder Ashdod an Land. Außer mit den Cruise-Line-Gesellschaften, die Haifa im Zuge einer Mittelmeerkreuzfahrt besuchen, hat man die Möglichkeit, von Griechenland oder Zypern aus mit der Fähre ins Heilige Land zu gelangen. Die beiden **Fährgesellschaften,** die noch ab und an Services nach Israel anbieten, sind:

- **A. Rosenfeld Shipping,** Tel. 04 8613671, www.rosenfeld.net
- **Grimaldi Lines,** www.grimaldi-freightercruises.com

Bei Interesse an einer Kreuzfahrt ab Israel wendet man sich an:

- **Cruising,** Tel. 03 5151715, www.cruising.co.il

Mit dem Bus

Tel Aviv unterhält **direkte Busverbindungen** mit allen größeren Städten Israels, inklusive Jerusalem, Haifa, Tiberias oder Elat. Die meisten Überlandbusse starten vom zentralen Busbahnhof (HaTachana HaMerkazit HaChadasha, 108 Rehov Levinski, www.canyon-telaviv.co.il). Infos zu den Verbindungen erhält man z. B. bei **Dan** (Tel. 03 6394444, www.dan.co.il) oder **Egged** (Tel. 03 6948888, www.egged.co.il).

045tv Abb.: dk

Wer aus oder nach **Ägypten** an- bzw. ausreist, kann dies mit **Mazada Tours** (Tel. 03 5444454, www.mazada.co.il) tun. Direkte Busverbindungen nach **Jordanien** bestehen zurzeit nicht. Reisende müssen an einen der Grenzübergänge fahren und auf jordanischer Seite in einen lokalen Bus oder in ein Sammeltaxi wechseln.

Autofahren

In Tel Aviv benötigt man weder ein eigenes Auto noch einen Mietwagen. Höchstens wer das Umland und die Küste kennenlernen möchte, muss auf ein Fahrzeug zurückgreifen. Das **öffentliche Verkehrsnetz** der Stadt ist zwar nicht gerade gut ausgebaut, doch dafür leicht durchschaubar, außerdem ist das Stadtzentrum übersichtlich und viele Ziele der Innenstadt lassen sich mühelos zu Fuß erreichen.

Parken

In der Stadt ist man mit dem eigenen Auto vielerorts auf relativ **teure Parkplätze und Parkhäuser** (eine Übersicht

Wichtige Infos für Autofahrer

- **Wichtig:** Autofahren kann in Israel nervenaufreibend sein, denn so mancher Einheimische nimmt es mit den roten Ampeln, den Geschwindigkeitsbeschränkungen und den Überholverboten nicht sonderlich genau, weshalb man immer und überall höchst aufmerksam fahren sollte! Das Hupen könnte man übrigens als israelischen Nationalsport bezeichnen.
- **Parken:** In den blauen Zonen – durch weiße und blaue Markierungen am Bordstein gekennzeichnet – darf werktags nur mit Parkschein geparkt werden (in Banken oder Tabakläden zu kaufen). Alle anderen Zonen sind nicht zum Parken, höchstens zum Halten geeignet. Bei Verstößen lässt die Polizei rigoros abschleppen.
- **Verkehrsregeln:** Die Geschwindigkeitsbeschränkung ist innerorts 50 km/h, außerorts 80–90 km/h und auf der Autobahn gerade mal 100 km/h. Pflicht ist außerdem das Mitführen einer Warnweste sowie eines Feuerlöschers.
- **Verkehrsverstöße:** Die Polizei führt einen gnadenlosen „Feldzug" gegen Temposünder. Sie müssen mit saftigen Geldbußen rechnen, so kostet bereits die Überschreitung des Tempolimits bis zu 20 km/h 750 NIS. Wer ab 30 km/h zu schnell ist, verliert den Führerschein für bis zu drei Monate.
- Die **Blutalkoholgrenze** liegt bei 0,5 ‰.

046tv Abb.: dk

findet man unter www.ahuzot.co.il/map.aspx, allerdings nur auf Hebräisch) angewiesen, da die meisten Gebiete nur Kurzpark- oder Anwohnerzonen sind. Die Kosten für die Parkplätze liegen zwischen 8 bis 15 NIS pro Stunde, sind dafür aber im 24-Stunden-Takt günstiger; Hotelparkhäuser gibt es nur vereinzelt. Zentral gelegene Parkhäuser sind u. a.:

P196 [C6] **Bograshov,** 14 R. Bograshov, 70 Stellplätze

P197 [B13] **Galey Tsahal,** 21 R. Yehuda HaYamit, 50 Stellplätze

Buslinien gibt es reichlich, wenn sie auch nicht immer ganz leicht zu durchschauen sind

- P198 [C9] **Gan HaKovshim,** R. HaKovshim, 156 und 172 Stellplätze
- P199 [C8] **HaRav Kook,** R. HaRav Kook, 70 Stellplätze
- P200 [C10] **HaTachana,** 65 R. Yehezkel Koifman, 770 Stellplätze
- P201 [C9] **Karmel,** R. Kalisher, 315 Stellplätze
- P202 [E7] **Tarbut,** Sderot Tarsat, 150 Stellplätze
- P203 [C6] **Tel. Nordau,** 28 R. Frishman, 175 Stellplätze

Pannendienst

- **ADAC-Notruf:** Tel. +49 89222222
- **ÖAMTC-Schutzbrief-Nothilfe:** Tel. +43 12512000
- **ACS-Pannendienst:** Tel. +41 446288899
- **Memsi (Automobilklub Israels):** Tel. 03 5641121, www.memsi.co.il

Mietwagen, Scooter und Vespa

Die Agenturen internationaler Autovermieter sind am Flughafen und in den großen internationalen Hotels – vor allem entlang der Rehov HaYarkon – vertreten. Drei namhafte Vermieter sind:

- **Avis,** Tel. 03 9773200 (Flughafen), Tel. 03 299607 (12 R. Yehezkel Koifman), www.avis.co.il
- **Budget,** Tel. 03 9350011 (Flughafen), Tel. 03 9350012 (99 R. HaYarkon), www.budget.co.il
- **Hertz,** Tel. 03 9754505 (Flughafen), Tel. 03 6841011 (144 R. HaYarkon), www.hertz.co.il

Wer sich eine Vespa, einen Scooter oder ein Motorrad mieten möchte, kann sich an folgende Adressen wenden:

- **Motogo,** 8 R. Tushia, Tel. 03 6811717, www.motogo.co.il
- **Motorent,** 64 Derech Menachem Begin, Tel. 03 6888851, www.motorent.co.il
- **Yafonoa,** 99 Derech Shalma (Salame), Tel. 052 3272777

Barrierefreies Reisen

Tel Aviv ist weitestgehend barrierefrei, z. B. sind mittlerweile die **Busse** so konzipiert, dass Rollstuhlfahrer problemlos ein- und aussteigen können (dies gilt jedoch nicht für die *Sherut* genannten Sammeltaxis), außerdem gibt es zahlreiche öffentliche **Behindertenparkplätze** und vielerorts wird der Schwerbehindertenausweis anerkannt, sodass man z. B. bei Museen erhebliche Ermäßigungen bekommt. Behindertengerechte Ausstattung bzw. Barrierefreiheit ist jedoch gerade in etlichen **Lokalen**, bei einigen **Hotels** und bei manchen **Sehenswürdigkeiten** und **öffentlichen WCs** nicht immer gegeben.

Auch für **Sehbehinderte** ist die Situation durchaus verbesserungsfähig. Zwar findet man ab und zu eine Ampel mit Signaltönen, doch sonst fehlen hilfreiche Einrichtungen weitestgehend.

- Infos finden sich auf der Seite der Organisationen **Access Israel** unter www.aisrael.com und Access Unlimited unter www.access-unlimited.co.il.
- Informativ ist auch die Internetseite www.goisrael.com, wo man mit dem Suchbegriff *disabled* gezielte Informationen und Routenvorschläge erhält.
- Behindertenberatungszentrum **Milbat,** Sheba Medical Center, Tel. 03 5303739, www.milbat.org.il.
- Wer Hilfsmittel wie Rollstühle oder Krücken leihen möchte, kann sich an die durch Spenden finanzierte Freiwilligenorganisation **Yad Sarah** wenden, Tel. 02 6444555, www.yadsarah.org

Diplomatische Vertretungen

- **Botschaft der Bundesrepublik Deutschland,** 3 R. Daniel Frisch, Tel. 03 6931313, Fax 03 6969217, www.tel-aviv.diplo.de
- **Botschaft der Republik Österreich,** 12 R. Abba Hillel (Ramat Gan), Tel. 03 6120924, Fax 03 7510716, www.bmeia.gv.at/botschaft/tel-aviv.html
- **Botschaft der Schweizerischen Eidgenossenschaft,** 228 R. HaYarkon, Tel. 03 5464408, Fax 03 5464408, www.eda.admin.ch/telaviv

Ein- und Ausreise

Deutsche, österreichische und Schweizer Staatsbürger benötigen für einen **Aufenthalt in Israel** bis zu drei Monaten einen noch sechs Monate gültigen **Reisepass.** Auch **Kinder** unter 16 Jahren müssen einen eigenen Kinderreisepass im Gepäck haben. Ein **Visum** – erhältlich bei den israelischen Auslandsvertretungen – ist nur für Deutsche notwendig, die vor dem 1. Januar 1928 geboren wurden.

Die Abfertigung bei der Einreise ist meist unproblematisch, höchstens wer im Reisepass Visa oder Stempel **islamischer Staaten** (außer Ägypten, Marokko und Jordanien) hat, muss gegebenenfalls mit einer Befragung rechnen. In Israel hingegen wird der Pass nicht mehr gestempelt. Man bekommt dafür eine **Einreisekarte** (mit einer Art Barcode), die die maximale Aufenthaltsdauer (in der Regel 90 Tage) angibt und bis zur Ausreise aufbewahrt werden muss.

Bei der **Ausreise aus Israel** finden am Flughafen Ben-Gurion **zeitintensive Sicherheitsüberprüfungen** des Gepäcks sowie Befragungen der Reisenden statt. Hierbei wird das Gepäck gescannt und nachher nochmals mit sensiblen Antisprengstoffdetektoren abgetastet. Es empfiehlt sich daher, **frühzeitig** – etwa drei Stunden vor Abflug – am Flughafen zu erscheinen. In seltenen Fällen werden **elektrische Geräte,** insbesondere Laptops, durch die Sicherheitsbehörden für Untersuchungen einbehalten und nach ein bis drei Tagen an den Aufenthaltsort des Reisenden nachgesandt.

Zoll

Nach Israel können Gegenstände für den **persönlichen Bedarf** zollfrei eingeführt werden. Dazu gehören für Personen ab 17 Jahren auch alkoholische Getränke (2 l **Wein** und 1 l **Alkohol**) sowie **Tabak** (nicht mehr als 250 g). Wertvolle Gegenstände müssen bei der Einreise **deklariert** werden. Geschenke dürfen bis zu einem Wert von US$ 150 eingeführt werden. Die **Einfuhr** von frischen Früchten, Fleisch, Pflanzen und Medikamenten (außer mit zugelassenem Rezept) sowie Waffen ist **verboten.** Beim Rückflug haben die geltenden **Zollbestimmungen** der EU bzw. der Schweiz Gültigkeit.

- **Infos:** www.zoll.de, www.bmf.gv.at/zoll/, www.ezv.admin.ch

Elektrizität

Die **Netzspannung** beträgt wie in Mitteleuropa **220 Volt.** Meistens passen die üblichen Flachstecker, für Schukostecker braucht man einen Adapter, der aber in den meisten Fällen an der Hotelrezeption zu haben ist. Wer sichergehen will, besorgt sich am besten schon zu Hause im Elektrohandel einen Adapter.

Geldfragen

Währung

Die Währungseinheit ist der **Neue Israelische Schekel** (kurz NIS, ILS oder ₪), der in **100 Agorot** unterteilt wird und nach Belieben aus dem Land ein- und ausgeführt werden darf. Der Schekel ist eine unabhängige konvertible Währung, deren Kurs sich nach den Wirtschaftsdaten des Landes richtet, weshalb der Wechselkurs zum Euro und auch zum Dollar schwanken kann. Tagesaktuelle Wechselkurse erhält man unter www.oanda.com.

Geldwechsel und Geldautomaten

Am besten wechselt man gleich nach der Ankunft am Flughafen – in der Nähe der Gepäckbänder finden sich **Wechselstuben** – einen kleinen Betrag in Schekel um, damit man das Taxi oder die Fahrt mit den öffentlichen Verkehrsmitteln in die Stadt bezahlen kann. Die gängigste ausländische Währung stellt in Israel übrigens der **US-Dollar** dar, der gerade in Hotels häufig dem Schekel vorgezogen wird.

Banken mit **Geldautomaten**, an denen man mit **Kredit-** oder **Maestro-(EC-)Karte** und der Geheimnummer (PIN) Geld abheben kann, stehen ebenfalls am Flughafen sowie vielerorts in der Stadt zur Verfügung, doch sollte man sich im Vorfeld bei der eigenen Bank darüber erkundigen, wie hoch die **Gebühren** hierfür sind. Einige deutsche Banken (insbesondere die Postbank) statten ihre Girocards neuerdings nicht mehr mit der Maestro-Funktion, sondern mit der neuen europäischen **Bezahlfunktion „V-Pay“** aus. Dieses System soll vor Skimming schützen, da nicht mehr der kopierbare Magnetstreifen, sondern der Chip vom Automaten gelesen wird. Das hat allerdings zur Folge, dass an Bankautomaten außerhalb der EU mit der V-Pay-Karte kein Geld gezogen werden kann, da die Automaten die Chips nicht lesen können. Sollte man eine solche Karte besitzen, bleibt einem nur der Umstieg auf die Kreditkarte.

› Weitere Infos unter www.vpay.de

Wechselkurse

(Stand: März 2014)

1 NIS	0,21 €/0,25 SFr
1 €	4,80 NIS
1 SFr	3,96 NIS

Reiseschecks können bei Banken und Wechselstuben, am besten aber bei Postämtern eingelöst werden, wofür – außer bei der Post – eine gewisse Gebühr anfällt. In Notfällen hilft der **Western-Union-Bargeldservice** weiter (Tel. 0180 5225822, www.westernunion.de), der von Post oder ReiseBank angeboten wird und über den man gegen eine Gebühr Bargeld in alle Welt verschicken kann. Übriggebliebene Schekel kann man bei der Abreise am Flughafen (zum leider schlechteren Kurs) zurücktauschen.

Bei etwaigen Problemen mit der Kreditkarte helfen diese Infoservices:

› **American Express**, Tel. 03 6364292
› **MasterCard**, Tel. 03 6364400
› **Visa**, Tel. 03 5726666

Preise

Das **Preisniveau** in Tel Aviv liegt etwa bei dem deutscher, österreichischer oder Schweizer Städte, dies gilt besonders beim Essengehen in hochwertigen Restaurants sowie für die Übernachtung. Kreditkarten werden in den meisten Lokalen, Hotels und Geschäften sowie an allen Tankstellen akzeptiert.

Informationsquellen

Infostellen zu Hause

Gäste aus Deutschland, Österreich und der Schweiz erhalten Informationen beim **Staatlichen Israelischen Verkehrsbüro – IGTO** in Berlin. Online ist es unter www.goisrael.de oder www.goisrael.com (ausführlicher als die deutsche Seite, dafür auf Englisch) erreichbar.

› **IGTO,** Friedrichstr. 95, D-10117 Berlin, Tel. 030 920399720, Fax 030 20399730, info@goisrael.de

Infostellen in der Stadt

Bei den **Touristeninformationen** Tel Avivs erhält man z.B. Broschüren und Infos über die Stadt und die Umgebung, Literatur und Karten, kann Führungen, Stadtrundfahrten und Ausflüge buchen sowie Tickets und die TLV mustcard kaufen. Außerdem bekommt man hier das monatlich erscheinende Magazin Time Out Israel.

ℹ **204** [B12] **Tel Aviv Tourism Association,** 2 R. Marzuk ve-Azarl, Tel. 03 5166188, www.visit-tlv.com, So–Do 9.30–17 und Fr 9.30–13 Uhr

ℹ **205** [B8] **Tel Aviv Tourism Association,** 46 Retsif Herbert Samuel, Tel. 03 5166188, geöffnet: So–Do 9.30–17 und Fr 9.30–13 Uhr

› **Tel Aviv Tourism Association,** Eingangshalle Ben-Gurion Flughafen, Tel. 03 9754260, täglich rund um die Uhr geöffnet

Tel Aviv preiswert

› *Ein guter Tipp für Tel Aviv-Besucher, die beim Essengehen, bei den Museen und beim Shoppen Geld sparen möchten, ist der Kauf einer* ***TLV mustcard.*** *Sie gilt für eine ausgewählte Anzahl an Ausstellungshäusern, Geschäften und Lokalen und gewährt auch bei vielen anderen Adressen der Stadt Vergünstigungen – Preis ab 100 NIS. Infos unter www.tlvmust.com*

› *In Bars und Cafés Tel Avivs bekommt man auf Anfrage immer* ***Wasser*** *zum Kaffee. Wer also ab und an einen Stopp auf einen Espresso einlegt, kann gleichzeitig den Durst stillen.*

› *Wer sich vor einem Strandbesuch an einem Imbissbüdchen mit* ***Sandwichs*** *und am Supermarkt mit* ***Getränken*** *eindeckt, spart definitiv gegenüber den teureren Strandlokalen.*

› *Der Eintritt in einige* ***Museen,*** *die sich im weitesten Sinn mit der* ***Geschichte Israels*** *befassen, sind kostenlos, so z. B. das Ben-Gurion House* **22***, das Haganah Museum (s. S. 40) oder das IDF History Museum (s. S. 41).*

› *Sowohl die Tel Aviv Tourism Association als auch private Unternehmen bieten eine Reihe* ***kostenloser Stadtführungen*** *(bitte nicht das Trinkgeld für den Guide vergessen!) an (s. S. 115). Eine wunderbare Möglichkeit, um die Highlights Tel Avivs zu erleben.*

ℹ 206 [D6] **Bauhaus Center Tel Aviv,** 99 R. Meir Dizengoff, Tel. 03 5220249, www.bauhaus-center.com, So–Do 10–19.30, Fr 10–14.30, Sa 12–19.30 Uhr. Infos, Souvenirs, Bücher, Karten und Verleih eines Audioguides (MP3-Player mit Audioinformationen auf Deutsch, 60 NIS) sowie Bauhaus-Stadttouren (auf Englisch, 60 NIS).

Die Stadt im Internet

› **www.visit-tlv.com:** Die Website der Tel Aviv Tourism Association (hebr./engl.) ist die umfassendste und aktuellste Infoseite mit Hinweisen zu Attraktionen, Veranstaltungen, Hotels, Gastronomie, Shopping und vielen weiteren Tipps.
› **www.tel-aviv.gov.il:** Die Internetseite der Stadtverwaltung (hebr./engl.) wartet mit Zahlen, News, Veranstaltungshinweisen etc. auf, v. a. die Rubriken „Culture" und „Tourism" sind für Besucher aufschlussreich.
› **www.tel-aviv-insider.com:** Eine lokale Website mit exzellenten Tipps und Infos zu allem, was die Stadt bewegt (engl.), inklusive Essen, Trinken und Nightlife.
› **www.telaviv4fun.com:** Diese Internetseite richtet sich speziell an die Einwohner der Stadt, doch auch Besuchern hat sie reichlich Wissenswertes zu bieten. Gerade die Infos zu Gastronomie, Nightlife und Freizeit sind aktuell und informativ.
› **www.telavivguide.net:** Diese hervorragende Website bietet Infos, die über die normalen Touristenbedürfnisse weit hinausgehen. Neben Veranstaltungshinweisen bekommt man auch Informationen darüber, was Tel Aviv bewegt, das aktuelle Wetter sowie reichlich Hintergrundwissen (engl.).
› **www.mouse.co.il:** News und Wissenswertes zu Tel Aviv gibt es auf dieser Stadtseite, die auch Insiderinfos und Partytipps verrät. Nur auf Hebräisch.

Publikationen und Medien

Die renommiertesten israelischen **Tageszeitungen** auf Hebräisch mit ausgiebigen Lokalteilen sind die Haaretz (linksliberal), Israel HaYom (rechts), Maariv (Mitte) und die Yedioth Ahronoth (Boulevard). Die bekannteste englischsprachige Tageszeitung ist die Jerusalem Post mit auch für Touristen interessanten Beilagen.

Meine Literaturtipps

Zur Einstimmung oder als Begleitung auf der Reise bieten sich die folgenden Werke an:
› *Christiane Wirtz,* ***Ein Jahr in Tel Aviv*** *(2009). Eine brauchbare und unterhaltsame Einführung in die Lebensart und allerlei Kurioses zu Tel Aviv.*
› *Ephraim Kishon,* ***Drehn Sie sich um, Frau Lot*** *(1961). Äußerst humorvolle, aus dem Leben der Israelis gegriffene Anekdoten, die ihre Mentalität mit einem Augenzwinkern beleuchten.*
› *Katharina Höftmann,* ***Guten Morgen, Tel Aviv! Geschichten aus dem Holy Land*** *(2011). Eine durchaus bissige und manchmal ironische Liebeserklärung an Israel. Äußerst süffisant und melancholisch zugleich.*
› *Olga Grjasnowa,* ***Der Russe ist einer, der Birken liebt*** *(2012). Dieser gleichzeitig spannende und streckenweise befremdliche Roman beschäftigt sich mit dem Leben in Israel, Vorurteilen und Erwartungen, Stereotypen und dem Nahostkonflikt aus dem Blickwinkel einer jungen Aserbaidschanerin.*

Die beste englischsprachige **Zeitschrift** mit aktuellen Tipps zu wer, was, wann und wo in Tel Aviv (und anderen Orten des Landes) ist zweifelsohne das monatlich herausgegebene Magazin **Time Out Israel** (auch online: http://digital.timeout.co.il/english), das in den Tourismusinformationen (s. S. 106) erhältlich ist. Dort gibt es auch das ebenfalls informative, wenn auch werbungslastigere Monatsmagazin Go Tel Aviv, das von der Tel Aviv Tourism Association herausgegeben wird, sowie das auf Französisch verfasste, alle zehn Tage veröffentlichte Futé Magazine mit gut recherchierten Artikeln zum Leben in der Stadt. Wer hingegen des Hebräischen mächtig ist, der findet in der Monatszeitschrift Achbar Ha'ir (עכבר העיר) wirklich alles Wissenswerte zum Programm und Leben in der City.

Internet und Internetcafés

Erfreulicherweise bieten mittlerweile die meisten **Hotels** und **Pensionen** kostenlosen WLAN-Zugang im Zimmer oder in der Lobby. In immer mehr Cafés und an öffentlichen Orten wie z. B. in den Parks oder am Strand gibt es mit der Aufschrift „FREE_TLV" gekennzeichnete Zonen, wo man sich mit dem Laptop oder Smartphone (kostenlos) ins Internet einloggen kann. Wer hingegen ein zentral gelegenes Internetcafé braucht, sollte sich an folgende Adresse wenden:

@207 [C7] **Log In,** 21 R. Ben-Yehuda, Tel. 03 5168689

Beliebt bei Alt und Jung – die Strände entlang der Tayelet 7

EXTRATIPP

Zeitung lesen

Es ist in Tel Aviv nicht gerade ein Leichtes, an deutschsprachige Zeitungen oder Zeitschriften zu kommen. Am größten ist die Wahrscheinlichkeit in den Filialen der Buchhandlung **Steimatzky** (s. S. 18), wo häufig die FAZ, die Süddeutsche sowie der Spiegel oder der Stern zu finden sind. Kostenlos hingegen kann man deutsche Presse in der Bibliothek des Goethe-Instituts lesen:

•208 [F5] **Goethe-Institut Tel Aviv,** 4 R. Weizman, Tel. 03 6060500, www.goethe.de/telaviv, Öffnungszeiten: Mo, Di, Do 10–13 und 16–18 Uhr, Mi 16–18 Uhr und Fr 9.30–13 Uhr

Medizinische Versorgung

Wer ernsthaft erkrankt, ist in den Krankenhäusern oder den (teureren) Privatkliniken Tel Avivs gut aufgehoben. Man muss dazu aber wissen, dass die Kosten für eine Behandlung nicht automatisch von der Krankenversicherung in Deutschland, Österreich oder der Schweiz übernommen werden. Daher ist der Abschluss einer privaten **Auslandsreisekrankenversicherung** anzuraten. Man erhält eine solche schon ab 5 bis 10 € im Jahr, z. B. über die Krankenkasse, den ADAC (www.adac.de) oder den ÖAMTC (www.oeamtc.at). Die Behandlungskosten vor Ort sind jedoch in der Regel vorab bar zu zahlen und werden dann von der privaten Versicherung gegen Vorlage ausführlicher Quittungen (mit Datum, Name des Patienten, Bericht über Art und Umfang der Behandlung, Kosten der Behandlung und der Medikamente etc.) erstattet.

Apotheken *(Beit Mirkachat)*, speziell die der großen Ketten wie Super-Pharm, sind in Tel Aviv zahlreich und leicht zu finden. Außerhalb der regulären Öffnungszeiten (meist So–Do 9–18 und Fr 9–15 Uhr) sind diensthabende Adressen den Aushängen an den Apotheken oder der Tagespresse zu entnehmen.

Bei kleineren Verletzungen kann man sich in die **Erste-Hilfe-Station** *(Emergency Room)* eines Krankenhauses oder direkt zum Erste-Hilfe-Zentrum von David Adom (der israelischen Variante des Roten Kreuzes) begeben. Wer einen Spezialisten sucht, wird unter www.telaviv-doctor.com (Tel. 054 9414243) fündig.

209 [D3] **David Adom Michael Sobell,** 2 R. Elkally, Tel. 03 5460111, Erste Hilfe Tel. 101

210 [F5] **Ichilov Hospital – Sourasky Medical Center,** 6 R. Weizman, Tel. 03 6974444

211 [D6] **Super-Pharm,** 50 R. Meir Dizengoff, Tel. 03 6200975

Mit Kindern unterwegs

Für aktive Familien gibt es zahlreiche Möglichkeiten, eine unterhaltsame Zeit in Tel Aviv zu verbringen, nicht zuletzt, weil die Einheimischen in der Regel geradezu vernarrt in die *Yeladim* sind und diese verwöhnen wie und wo es nur geht. Kinderverbot in Restaurants oder Hotels gibt es hier so gut wie nicht und Beschwerden über die Lautstärke oder Ähnliches sind definitiv die Ausnahme. Die Stadt kann also durchaus als kindergerecht, streckenweise sogar als Kinderparadies bezeichnet werden.

Als **echte Highlights** gelten natürlich die **Strände** entlang der Tayelet 7 und die vielen Austobemöglichkeiten im **Yarkon Park** (s. S. 44). Hier befinden sich der **Luna Park**, in dem Achterbahnen und andere Fahrgeschäfte nicht nur die Kleinen begeistern, sowie der **Meymadion** genannte Wasserpark mit Rutschen und allerlei anderen Möglichkeiten für Spaß im Nassen. Weitere für Kids spannende

048tv Abb.: dk

Ziele sind der **Namal** (23) mit der hölzernen Promenade und den Spielplätzen, die Aussichtsplattform auf dem **Azrieli Center** (17), aber auch der **Park Gan Meir** (s. S. 44) bietet reichlich Amüsantes für Groß und Klein.

★**213 Luna Park,** Sderot Rokach (Ganey HaTa'aruha), Tel. 03 6427080, www.lunapark.co.il, So–Do, Sa 10–21 Uhr, Eintritt 109 NIS (keine Ermäßigungen)

★**214 Meymadion,** Sderot Rokach (Ganey Yehoshua), Tel. 03 6422777, www.meymadion.co.il, So–Do, Sa 9–17 Uhr (ein Kontrollanruf wird aber empfohlen), Eintritt 105 NIS, ermäßigt 90 NIS

Wer sich für wilde Tiere interessiert, sollte den größten **Safari-Park** Israels in Ramat Gan besuchen. Man befährt auf Asphaltstraßen einzelne – umzäunte – Gehege, in denen sich u. a. Löwen, Gazellen, Impalas, Gnus und Zebras tummeln. Auch wenn es sich natürlich in so einem Park nur um eine zooähnliche Umgebung handeln kann, so wurde das Anwesen dennoch aufwendig gestaltet und vermittelt zumindest teilweise einen realen Eindruck vom Leben in der afrikanischen Wildnis. Speziell für Kids werden außerdem Tagesprogramme *(day camps)* angeboten, die einen äußerst spannenden Einblick in die Arbeit des Parks (z. B. die Elefantenzucht) geben.

★**215 Ramat Gan Safari Park,** R. Perez Bernstein, Tel. 03 6305325, www.safari.co.il, Bus 35, Sa–Do 9–17, Fr 9–14 Uhr, Eintritt 64 NIS, ermäßigt 56 NIS

Und bei schlechtem Wetter? Das **Kinderzentrum Dyada** bietet Spiel- und Bastelspaß für Kinder bis 6 Jahre.

★**212** [B1] **Dyada,** Namal Hangar 17–18, Tel. 1700700815, www.dyada.co.il

Notfälle

Verlust und Diebstahl

Den Diebstahl beziehungsweise den Verlust von Wertgegenständen, Geld, Kreditkarten und besonders des Ausweises muss man **bei der Polizei melden** und auf jeden Fall auch protokollieren lassen.

216 [C3] **Tourist Police Office,** 221 R. Dizengoff, Tel. 03 5454444

› **Fundbüro der Verkehrsbetriebe,** Tel. 03 9142478 (Egged) oder 03 6933243 bzw. 03 6394444 (Dan)

› **Fundbüro des Flughafens,** Tel. 03 9717722

Bei Verlust der Maestro-(EC-) oder der Kreditkarte gibt es für Kartensperrungen eine **deutsche Zentralnummer** (unbedingt vor der Reise klären, ob die eigene Bank diesem Notrufsystem angeschlossen ist).

In **Österreich** und der **Schweiz** gibt es keine zentrale Sperrnummer, daher sollten sich Besitzer von in diesen Ländern ausgestellten Maestro-(EC-) oder Kreditkarten vor der Abreise bei ihrem Kreditinstitut über den zuständigen Sperrnotruf informieren.

Generell sollte man sich immer die **wichtigsten Daten** wie Kartennummer und Ausstellungsdatum separat notieren, da diese unter Umständen abgefragt werden.

› **Deutscher Sperrnotruf:** Tel. +49 116116 oder Tel. +49 3040504050,

› www.sperr-notruf.de, www.kartensicherheit.de

Notrufnummern

› **Polizei:** 100

› **Rettungswagen/Notarzt:** 101

› **Feuerwehr:** 102

Öffnungszeiten

Feste Ladenöffnungszeiten wie in Deutschland, Österreich oder der Schweiz gibt es in Tel Aviv nicht. Das Gros der **Geschäfte** hat So bis Do von 9 bis 19 Uhr und am Freitag von 9 Uhr bis zum späten Nachmittag geöffnet, manche schieben aber zwischen 13 und 16 Uhr eine traditionelle Mittagspause ein. Gerade in **Shoppingmalls** gibt es wiederum viele Geschäfte, die bis in die späten Abendstunden geöffnet haben, andere bleiben auch am Shabbat und an Feiertagen (mal abgesehen von Yom Kippur) für einige Stunden offen und so manche Supermärkte haben sogar sieben Tage die Woche durchgehend geöffnet.

Auch die **Museen** verfügen über keine einheitliche Regelung, sie öffnen aber meist So bis Do von 10 bis 18 Uhr, Freitag haben sie bis 14 Uhr geöffnet und Samstag bleiben viele geschlossen. **Banken** öffnen So bis Do von 8.30 bis 12.30 und Mo bis Do auch von 16 bis 19 Uhr, **Postämter** haben So bis Fr von 8 bis 12.30 und So bis Do zusätzlich von 15.30 bis 18.30 Uhr geöffnet.

Shabbat Shalom!

Der Sabbat – auf Hebräisch *Shabbat* und auf Jiddisch *Schabbes* – ist der siebte jüdische Wochentag, ein **Ruhetag,** an dem laut Tora (die fünf Bücher Mose) keine Arbeit verrichtet werden soll. Er beginnt wie alle Tage im jüdischen Kalender am Vorabend und dauert folglich von **Sonnenuntergang am Freitag** bis zum **Eintritt der Dunkelheit am Samstagabend.** Für religiöse Juden ist jegliche Form der Arbeit – angefangen vom Einschalten des Lichts über Auto- oder Aufzugfahren bis zum Telefonieren – verboten und vielerorts steht in Israel am Shabbat tatsächlich alles still. In Tel Aviv nimmt man es hingegen mit dieser Regel nicht sonderlich genau, weshalb hier auch viele Bars, Restaurants und selbst Geschäfte geöffnet bleiben. Dennoch: **Öffentliche Verkehrsmittel** fahren am Shabbat nicht (wenn auch seit einiger Zeit darüber nachgedacht wird) und auch **Banken** und **Büros** sowie viele **Museen** bleiben **geschlossen.**

Post

In Israel kostet das Porto für **Postkarten** und **Briefe** bis 20 g nach Europa 4 NIS. **Briefmarken** bekommt man in den Postämtern und in seltenen Fällen in Zeitschriftenläden, in denen Postkarten verkauft werden. Luftpostsendungen brauchen etwa eine Woche, solche, die aus Europa nach Israel geschickt werden, kommen hingegen nach ca. vier Tagen an. Die **Briefkästen** sind rot und haben in der Regel einen Schlitz für Stadtpost („Tel Aviv“) und einen für andere Orte („all areas except Tel Aviv“). Weitere Informationen erhält man online unter www.israelpost.co.il.

⊠**217** [E9] **Hauptpostamt Tel Aviv,** 8 R. HaRakevet

⊠**218** [C3] **Postamt Dizengoff,** 286 R. Meir Dizengoff

⊠**219** **Postamt Jaffa,** 138 R. Yefet

Radfahren

Tel Aviv ist im Laufe der letzten Jahre zu einer **fahrradfreundlichen Stadt** geworden und die Einwohner werden dementsprechend immer **radbegeisterter.** Wegen der zahlreichen Parkanlagen, der **vielen Radwege** innerhalb der Innenstadt und entlang der Strandpromenade sowie der komplizierten Parkplatzsituation in der Stadt erstaunt das nicht. Seit Kurzem stehen neben normalen Mieträdern an über 70 über die Stadt verteilten Terminals auch die **Tel-O-Fun Bikes** (www. Tel-o-fun.co.il) zur Verfügung, für deren Anmietung man nur eine internationale Kreditkarte benötigt. Die erste halbe Stunde ist kostenlos, danach kosten 30 Minuten ab 5 NIS. Wer für längere Zeit einen Drahtesel benötigt, kann sich an eine der folgenden Verleihfirmen wenden, aber auch Hotels und Hostels bieten häufig einen Fahrradverleih – für Gäste manchmal sogar kostenlos – an. Die Mitnahme des Rades in ein öffentliches Verkehrsmittel ist übrigens nicht gestattet.

- S220 **bike planet,** 51 R. Yigal Alon, Tel. 03 5367266, www.bikeplanet.co.il
- S221 [C4] **Cycle TLV,** 147 R. Ben-Yehuda, Tel. 03 5293037, cycle.co.il/Rent-a-Bike.htm
- S222 [C3] **O-FUN,** 197 R. Ben-Yehuda, www.rentabikeisrael.com, Tel. 03 54442292
- S223 [C8] **Rosen & Meents,** 40 R. HaYarkon, Tel. 1599501090
- S224 [B12] **Wheel Bee,** 7 R. HaHalfanim, Tel. 03 6838080, www.wheelbeetlv.com

043tv Abb.: dk

Schwule und Lesben

Tel Aviv ist ohne Zweifel *die* **Hauptstadt der Gay Community** im gesamten Nahen Osten. Während in anderen israelischen Städten wie Jerusalem und Haifa Homosexualität weitestgehend verpönt ist, gibt es in Tel Aviv eine große und ausgesprochen **lebendige schwul-lesbische Szene** und so verwundert es nicht, dass Lokale und Klubs mit vorrangig homosexuellem Publikum über die ganze Stadt verteilt sind und auch *nightlife spots* mit mehrheitlich heterosexuellem Publikum des Öfteren gay-freundliche Veranstaltungen organisieren. Es entspricht eben genau der säkular-weltoffenen Einstellung Tel Avivs, nicht zwischen Menschen verschiedener Lebensweisen zu unterscheiden. Das größte homosexuelle Event des Jahres ist die **Gay Pride Parade** im Juni mit reichlich Musik- und Showprogramm, einem ausgelassenen Straßenfest sowie einem riesigen Umzug vom Park Gan Meir (s. S. 44) quer durch die Stadt bis zum Strand. Mit über 100.000 Besuchern ist die Gay Pride Parade übrigens eines der größten Events der Stadt und zieht folglich nicht nur schwul-lesbisches Publikum an!

⊲ *Immer und (fast) überall mobil – unterwegs mit den Tel-O-Fun Bikes*

Infostellen

- **225** [D8] **Agudah,** 18 R. Nachalat Binyamin, Tel. 03 5167234, agudah.org.il. Eine Art Beratungsstelle für Schwule und Lesben, mit vielen Informationen zu schwullesbischem Leben in Israel. Homepage auch auf Deutsch.
- **226** [D7] **Gay Center,** 22 R. Tchernihovski, Tel. 03 5252896, www.gaycenter.org.il. Das ultimative Zentrum der homosexuellen Szene im Gan-Meir-Park, mit Infomaterial zu allem, was die Stadt Schwulen und Lesben zu bieten hat.
- **227** [E8] **GLBT,** 28 R. Nachmani, Tel. 03 6205590, www.glbt.org.il/en/aguda/. Diese Organisation setzt sich für die Gleichberechtigung Homosexueller ein. Auch hier gibt es Informationen zu allen Fragen, die die Gay-Szene angehen. Wer Hebräisch spricht, kann sich eine Ausgabe der hervorragenden Zeitung *Pink Times* mitnehmen.
- › Jeden Freitag kann man ab 10 Uhr an einer **Citytour für Homosexuelle** teilnehmen, Infos dazu und zu vielen weiteren Themen gibt es unter www.telavivgayvibe.com.
- › Die **Websites** www.gaytlvguide.com, www.gaywaytlv.com und www.atraf.co.il bieten viel Wissenswertes zum schwul-lesbischen Leben in der Stadt.

Lokale

- **228** [D9] **Amazona Bar,** 23 R. Lilienblum. Eine besonders ab abends lebendige Bar mit vorrangig lesbischen Besucherinnen. WLAN.
- **229** [C8] **Café Sheleg,** 44 R. Ge'ula. Schick gestyltes Café, das vor allem in der Schwulen-Szene beliebt ist. WLAN.
- **230** [E9] **Joz ve Loz,** 51 R. Yehuda Halevi, Tel. 03 5606385. Bei diesem Bar-Restaurant handelt es sich um eine der schrillsten Adressen der Stadt. Nicht nur schwul-lesbisches Publikum.

231 [D7] **Landwer,** Gan Meir, Tel. 03 6295870. Ein reines Schwulencafé ist das einladende, mitten im Park Gan Meir gelegene Landwer sicher nicht, doch durch die Nähe zum Gay Center ist es auch in schwulen Kreisen äußerst beliebt. Filialen gibts über die ganze Stadt verteilt, dann aber vollkommen unabhängig von der jeweiligen sexuellen Gesinnung der Gäste. WLAN.

232 [D9] **Speak,** 26 R. Nachalat Benyamin. Café mit lesbischem Publikum (speziell freitags bei den Panda-Partys) und guten Cocktails. WLAN.

233 [D9] **Minerva,** 98 R. Allenby, Tel. 03 5603801. Auch dieses Bar-Café gilt als Treffpunkt für Lesben, doch sind auch alle anderen Gäste herzlich willkommen. WLAN.

Klubs

234 [C8] **Apolo,** 46 R. Allenby. Wegen seiner Housepartys steht das Apolo seit einigen Jahren auf der Beliebtheitsskala der Gay Community sehr hoch.

235 [D9] **Shpagat,** 43 R. Nachalat Binyamin. Einer der hippsten Klubs der Szene. Besonders am Wochenende der perfekte Treffpunkt für Homosexuelle.

236 [E9] **Evita,** 31 R. Yavne, Tel. 03 5669559. Klub-Bar mit reichem Partyangebot, Drag-Queen-Shows, Karaoke usw. Reservierung unbedingt empfohlen.

237 [B11] **Moadon HaTeatron,** 10 Sderot Yerushalayim, Tel. 03 5184715. Die faktisch älteste Schwulendisco in Tel Aviv mit house- und technolastiger Musik und reichlich bunten Happenings.

Sicherheit

Für Besucher ist Tel Aviv **eine sichere Stadt,** zumindest keinesfalls unsicherer als jede Großstadt in Mitteleuropa. Ob als Mann oder als Frau, man kann sich zu jeder Tages- und Nachtzeit ohne Furcht bewegen. Bedrohungen oder gar Gewaltdelikte sind verhältnismäßig selten. Dennoch: Die **üblichen Vorsichtsmaßnahmen** im Hinblick auf Schmuck, Handtaschen und Geldbeutel, Kameras u.a. Wertgegenstände, vor allem bei Massenaufläufen, Veranstaltungen, auf Märkten, am Strand oder in öffentlichen Verkehrsmitteln, sind wie immer und überall angeraten. Ist man bestohlen worden, muss, nicht zuletzt aus Versicherungsgründen, bei der Polizei Anzeige erstattet werden (s. S. 110).

Noch ein paar Worte zum Thema **Terrorismus:** Immer wieder musste Tel Aviv – genau wie das ganze Land – unter grausamen Gräueltaten in Form von **Selbstmordattentaten** und **Bombenanschlägen** leiden und die Gefahr eines terroristischen Aktes ist hier unweigerlich höher als an den meisten anderen Orten der Welt, wenn auch die Sicherheitsdienste (an vielen Orten wie Bars und Klubs oder am Eingang von Einkaufszentren wird man „durchleuchtet") ihr denkbar Bestes geben, um diese Ta-

050tv Abb.: ba

Mit Ausnahme von ein paar Graffiti ist der Nahostkonflikt in Tel Aviv wenig präsent

ten zu vereiteln. Zwar lässt sich die Gefahrenlage schwer vorhersehen – nicht zuletzt, weil politische Entscheidungen sehr schnell die lokalen Gemüter erhitzen können –, doch man tut gut daran, sich vor einer Reise nach Israel mit der aktuellen Situation vertraut zu machen. Informationen geben neben der Tagespresse die **Informationsseiten der Außenministerien** in Deutschland (www.auswaertiges-amt.de), Österreich (www.bmeia.gv.at) und der Schweiz (www.eda.admin.ch).

Sprache

Die meistgesprochene Sprache Tel Avivs ist **Hebräisch**, die Staatssprache Israels. Doch wer mit offenen Ohren durch die Stadt schlendert, wird auch **viele weitere Sprachen** – vorrangig Französisch, Jiddisch, Ladino, Polnisch, Rumänisch, Russisch, Spanisch, Ungarisch – hören, denn immer noch pflegen zahlreiche Einwanderer ihre jeweilige Muttersprache. Arabisch hört man am ehesten in Jaffa und ab und an im Jemenitischen Viertel. Als Tourist kommt man fast immer mit **Englisch** problemlos durch, denn neben Fremdenführern, Händlern, Angestellten in Kneipen, Restaurants und Hotels sprechen auch die meisten jungen Leute relativ gut die Sprache der ehemaligen „Mandatswächter". Die Beschilderung und die Mitarbeiter vieler Touristeninformationen sind außerdem ebenfalls zweisprachig (Hebräisch/Englisch). Im Anhang dieses Buches finden Sie zur besseren Verständigung vor Ort eine „Kleine Sprachhilfe" mit den **wichtigsten hebräischen Begriffen und Redewendungen.** Wer sich ausfürlicher mit der Sprache beschäftigen möchte, dem sei der handliche und praxisnahe Sprachführer „Hebräisch – Wort für Wort" aus der Kauderwelsch-Reihe des Reise Know-How Verlags empfohlen.

Bay mir bistu sheyn

Deutschsprachige Besucher werden in Tel Aviv vielleicht mit etwas Glück Zeugen eines Gesprächs auf ***Jiddisch,*** *denn die aus dem Mittelhochdeutschen entstandene Sprache ist – im Unterschied zu Mittel- und Osteuropa – in Israel immer noch lebendig. Die meisten Sprecher kommen aus den orthodoxen Kreisen, doch auch bei weltlichen Israelis erlebt das Jiddische seit einigen Jahren eine Art Revival. In diesem Geist wurde in Tel Aviv das* ***Yiddishpiel-Theater*** *(www.yiddishpiel.co.il) ins Leben gerufen, das Stücke auf Jiddisch aufführt. Wer sich intensiver mit dem Jiddischen beschäftigen möchte, der kann über die Universität Tel Aviv Sommerkurse buchen:*

› ***Tel Aviv University*** *25, Rosenberg Building, Tel. 03 6407805, www.naomiyiddish.tau.ac.il*

Stadttouren

Bei den folgenden Touren werden alle wichtigen Sehenswürdigkeiten in einem Rutsch abgeklappert (meist zu Fuß), Erklärungen gibt es auf Englisch und sie sind nicht selten kostenlos (Trinkgeld nicht vergessen)! Es reicht in der Regel, einfach etwa zehn Minuten vor Beginn der jeweiligen Tour am **Treffpunkt** zu erscheinen. Alle hier angegebenen Stadtrundgänge finden das ganze Jahr über statt, höchstens bei starkem Regen fallen sie ab und zu aus (Infos bekommt man im Zweifel über die Tel Aviv Tourism Association, Tel. 03 5218500 oder 03 5166188).

- **Alt-Jaffa,** täglich um 10 Uhr, kostenlos (bis auf den Eintritt zu den Ausgrabungen), Treffpunkt: Clock Tower 27 in Jaffa. Hierbei besucht man den Flohmarkt, die archäologischen Ausgrabungen unter dem Kikar Kedumim sowie den restaurierten Teil der Altstadt Jaffas.
- **Bauhaus,** jeden Samstag um 11 Uhr, kostenlos, Treffpunkt: 46 Sderot Rothschild, Ecke Rehov Shadal. Bei diesem Spaziergang durch die Weiße Stadt erfährt man einiges über die Bauhaus-Architektur und zwar am „lebenden" Objekt. Mehr Infos unter www.white-city.co.il. Eine weitere Tour wird vom Bauhaus Center (s. S. 107) angeboten.
- **Bike Tel Aviv,** 9 R. Hebron, Tel. 077 4501650, www.ecobike.co.il. Von Ecobike werden drei verschiedene Stadttouren inklusive englischsprachigem Guide angeboten. Neben der klassischen Tour gibt es eine mit Elektrorädern und die beliebte „Bikes & Beer"-Tour, die für eine kühle Erfrischung an einer netten Bar endet. Garantiert cool!
- **HaTarbush,** ausgewählte Touren zu historischen Stadtvierteln wie Jaffa, Neve Tsedek oder American Colony, Tel. 03 5106076, www.tarbush.org. Abu Omar, ein nobler osmanischer Gouverneur mit Fes und Spazierstock, begleitet den Besucher durch die Stadt und erzählt so manch Wissenswertes zu längst vergangenen Zeiten, z. B. zur Epoche Napoleons, dem osmanischen Gefängnis oder den Auseinandersetzungen zwischen Arabern und Juden vor der Gründung des Staates Israel.
- **Tel Aviv by Night,** jeden Dienstag um 20 Uhr, kostenlos, Treffpunkt: Sderot Rothschild an der Kreuzung mit Rehov Herzl. Bei dieser historischen Nachttour bekommt der Besucher einen Einblick in Geschichten und Anekdoten aus der Stadt. Auch für Insider aufschlussreich.
- **Universitätstour,** jeden Montag um 11 Uhr, kostenlos, Treffpunkt: Dyonon-Buchhandlung am Eingang zum Campus, Ecke R. Haim Levanon und R. Einstein. Eine Tour durch die Tel Aviv University 25 mit Augenmerk auf deren Architektur. Interessant ist v. a. der Besuch der beeindruckenden Synagoge.

Wem eine Stadttour zu Fuß zu langweilig erscheint, der interessiert sich vielleicht für eine Fahrt mit dem **Segway.** Voraussetzung für eine Segway-Tour ist ein Mindestalter von 12 Jahren sowie ein Körpergewicht von mind. 45 kg bzw. max. 113 kg. Die beiden Veranstalter in Tel Aviv sind:

- **Segs,** Tel. 054 5850405, www.segs.co.il. Verschiedene Segway-Ausflüge am Tag und abends in der Stadt, entlang der Tayelet und im Yarkon Park (s. S. 44).
- **Segway Tel Aviv,** Tel. 03 9773060, www.segwaytlv.co.il/. Der Segway Club bietet etwa dreistündige Touren entlang der Promenade, im Yarkon Park oder im Ramat Gan Safari Park (s. S. 110) an.

⊡ Die Highlights auf einen Schlag - mit der Dan City-Tour durch die Stadt

Seit einiger Zeit klappert auch ein **Bus** in etwa zwei Stunden alle wichtigen Sights der Stadt ab.

› **Dan City-Tour,** www.dan.co.il, Tel. 03 6394444. Die roten Sightseeingbusse – oben offen – sieht man häufig in Tel Aviv. Dan City-Tour bietet eine festgelegte Tour (Buslinie 100) quer durch die Stadt und entlang der Küste an (auch auf Deutsch, per Kopfhörer), wobei das Ticket (Normalpreis 65 NIS, ermäßigt 56 NIS) 24 Stunden gültig ist und im „Hop On Hop Off"-Verfahren benutzt werden kann. Die Busse fahren am Reading-Busterminal nördlich des Namal (23), also auf der anderen Seite des Yarkon-Flusses, ab – die Abfahrtszeiten sollten telefonisch erfragt werden.

Touren im Umland

Das Umland der Stadt verfügt über eine Vielzahl an attraktiven Sehenswürdigkeiten, die problemlos als Halbtags- oder Ganztagsausflug von Tel Aviv aus besucht werden können. Hinzukommt, dass Israels Fläche überschaubar ist und somit selbst entferntere Ziele wie Jerusalem (eine Stunde), Caesarea (1 Stunde), Haifa (1½ Stunden), Akko (zwei Stunden) oder Tiberias (2½ Stunden) durchaus an einem Tag besucht werden können.

› **Bein Harim Tours,** Tel. 03 5422000, www.beinharim.co.il. Bein Harim bietet Touren und Führungen in ganz Israel, den Palästinensischen Autonomiegebieten, Jordanien und Ägypten an, darunter auch eher weniger besuchte Ziele wie Nordisrael oder die Golan-Höhen. Preise je nach Ziel und Gruppe unterschiedlich.

› **Egged Tours,** Tel. 03 6948888, www.egged.co.il/eng/. Die nationale Busgesellschaft Egged bietet Israelis und ausländischen Touristen geführte Ausflüge ins ganze Land, z. B. nach Jerusalem, nach Masada, ans Tote Meer oder nach Nazareth. Preislich geht es kaum günstiger.

› **United Tours,** Tel. 03 6162656, www.unitedtours.co.il. United Tours organisiert ausgesprochen gute und individuell geführte Touren durch ganz Israel, darunter Jerusalem, Caesarea, Haifa, Akko u. v. a. Preise ab ca. 50 US$ p. P. inklusive Transport, Mittagessen und Eintrittstickets.

051tv Abb.: dk

Telefonieren

Tel Avivs Vorwahl lautet 03, allerdings muss sie innerhalb der Stadt nicht mitgewählt werden. Die **Ländervorwahl** Israels ist **00972**. Die darauffolgende 0 der Ortsnummer entfällt bei Gesprächen aus dem Ausland. Die Ländervorwahlen, um aus Israel in Deutschland, Österreich oder der Schweiz anzurufen, lauten:

- **Deutschland:** 0049
- **Österreich:** 0043
- **Schweiz:** 0041

In Israel gibt es verschiedene Anbieter von sog. **Prepaid Phone Cards**, die man von Festnetztelefonen (bzw. Telefonzellen) aus für Auslandsverbindungen verwenden kann. Je nach Provider gibt es verschiedene Tarife und die entsprechenden Nummern fangen statt mit 00 mit 012 (Kavei Zahav), 013 (Barak), 014 (Bezeq International), 015 (Smile), 017 (Netvision) oder 018 (XFONE) an, darauf folgt der entsprechende Ländercode.

Öffentliche Fernsprecher funktionieren mit Telefonkarten ab 20 NIS, erhältlich sind sie bei Postämtern und einigen Zeitungs- und Papierwarengeschäften. Das Telefonieren aus dem Hotelzimmer kann deutlich teurer sein als an öffentlichen Apparaten. Die Rufnummer für die **Telefonauskunft** ist in ganz Israel **Tel. 144.**

Mit europäischen **Mobiltelefonen** hat man auch in Israel keine Probleme. Wer hier mit seinem heimischen Handybetreiber telefoniert, muss sich allerdings auf eine hohe Rechnung einstellen, denn außerhalb der EU gibt es noch **keine maximalen Preisobergrenzen**, außerdem werden auch für eingehende Anrufe sog. Roamingkosten berechnet. Eine Alternative bietet eine israelische SIM-Karte an, doch man sollte vorher sicherstellen, dass das Handy nicht per SIM-Lock nur an einen Anbieter gebunden ist.

Uhrzeit

Die Zeit in Israel entspricht der Zeitzone UTC+2, d.h., dass die Israelis der Mitteleuropäischen Zeit (MEZ) **um eine Stunde voraus** sind. Dies gilt auch für die Sommerzeit, die auch im Heiligen Land, allerdings mit einigen Tagen Differenz, gilt.

Unterkunft

Allgemeine Situation

Das Unterkunftsangebot stellt einen in Tel Aviv vor keine Probleme. Die Stadt verfügt über zahlreiche **Hotels** und **Hostels**, die aber leider, selbst im Vergleich zu vielen europäischen Großstädten, **relativ teuer** sind. Während man in der Luxuskategorie ein Überangebot hat, sind empfehlenswerte günstige Herbergen eher rar gesät. Grundsätzlich gilt, dass Hotels in Strandnähe normalerweise teurer sind als die im Zentrum oder in Stadtvierteln wie Jaffa oder Neve Tsedek. Die Touristenbehörde der Stadt gibt jährlich ein **Unterkunftsverzeichnis** heraus, das man bereits aus dem Ausland über das Israelische Fremdenverkehrsbüro (s.S. 106) oder vor Ort in den Infostellen der Tel Aviv Tourism Association (s.S. 106) erhalten kann. **Apartments** bucht man am besten bei **Dinami** (www.dinami.co.il), **TLV2GO** (www.tlv2go.com) oder **Fuss Holiday Apartments** (www.fuss.co.il).

Eine **Vorausbuchung** empfiehlt sich das ganze Jahr über, speziell aber in den Frühlings- und Sommermonaten sowie über die jüdischen Feiertage, über Silvester und generell an Wochenenden (d. h. von Donnerstag bis Samstag). Die Tel Aviv Hotel Association kann bei einer Hotelbuchung behilflich sein, alternativ sollte man sich bei den sog. Brokern wie www.booking.com, www.hotel.de, www.hotelreservierung.de oder www.hrs.de umsehen.

238 [C9] **Tel Aviv Hotel Association,** 29 R. HaMered, Tel. 03 5170131, www.telavivhotels.org.il

Preiskategorien

Die nachfolgenden Preiskategorien dienen als Anhaltspunkt für den Preis eines Doppelzimmers pro Nacht und inkl. Frühstück. In vielen Hotels und speziell in den Hostels werden die Preise meist in US-Dollar angegeben, bezahlen kann man aber natürlich auch in NIS.

€	unter 100 €
€€	100–200 €
€€€	über 200 €

Hotels und Pensionen

239 [C3] **Alexander** €€, R. Havakuk Ha Navi, Tel. 03 5452300, www.alexander.co.il. Zwar zählt das Alexander mit seinen luxuriös eingerichteten Zimmern und Suiten (alle mit Klimaanlage und einige mit Balkon) zu den exklusiveren Adressen der Stadt, doch die verhältnismäßig vernünftigen Preise (Frühstück inklusive) machen es zu einer guten Option im ruhigen Norden der Stadt.

240 [C6] **Artplus Hotel** €€, 35 R. Ben-Yehuda, Tel. 03 7971700, www.atlas.co.il. Wie der Name vermuten lässt, bietet dieses Boutiquehotel Komfort der Meisterklasse in ambitioniertem Design. Mit 62 individuell gestalteten Zimmern (inkl. WLAN) – für das Interieur zeichnen fünf lokale Künstler verantwortlich – eine der nicht überteuerten, gleichwohl aber auch persönlichsten Alternativen unter den „hippen" Hotels der Stadt.

241 [D9] **Brown TLV Urban Hotel** €€, 25 R. Kalisher, Tel. 03 7170200, www.browntlv.com. In diesem cool-schicken Boutiquehotel mit seinen 30 Zimmern werden sich v. a. jüngere Leute wohlfühlen. Der Komfort der Zimmer (DVD-Player, WLAN und Klimaanlage sind Standard) ist für die verhältnismäßig günstigen Preise vorbildlich und die Sonnenterrasse mit ihrem Panoramablick ist einfach traumhaft. Auch die Lage in der Nähe des Shalom Meir Tower ist okay, von hier hat man es weder in die Innenstadt noch nach Neve Tsedek oder Jaffa weit.

242 [D6] **Center Chic Hotel** €€, 2 R. Zamenhoff, Tel. 03 5266100, www.atlas.co.il. Unmittelbar am Kikar Dizengoff befindet sich dieses charmante Hotel im Pop-Art-Stil, das über 54 individuell gestaltete Zimmer samt Balkon, Klimaanlage und WLAN verfügt. Neben einer gemütlichen Lounge und einem Kinoraum, in dem Filme über die Stadt gezeigt werden, bietet das Center Chic Hotel seinen Gästen Fahrräder zur kostenlosen Benutzung. Das Frühstück wird im Cinema Hotel (s. u.) serviert.

243 [D6] **Cinema Hotel** €€, 1 R. Zamenhoff, Tel. 03 5207100, www.atlas.co.il. Das elegante Cinema Hotel befindet sich in einem renovierten Bauhaus-Gebäude, das ursprünglich eines der ersten Kinos der Stadt beherbergte. Neben der geschmackvollen Einrichtung der 82 Zimmer (WLAN inklusive) und der Lobby (die Themen Film und Kino sind das Leitmotiv), überzeugt das Cinema durch sein Verwöhnangebot von

Entspannung bis Fitness – Jacuzzi und Sauna inklusive – und die allabendlichen Filmaufführungen.

244 [C6] **Dan Tel Aviv** €€€, 99 R. HaYarkon, Tel. 03 5202525, www.danhotels.com/Deluxe-Hotel-Tel.-Aviv. Dieses 1953 erbaute Businesshotel gilt immer noch als „Mutter der Luxusadressen" der Stadt. Es mag zwar nicht das modernste sein, doch in Sachen Service und Komfort kann es das Dan Tel Aviv mit allen anderen Häusern der Stadt problemlos aufnehmen. Einzigartig sind der Pool und der Spa-Bereich. Mit 280 Zimmern (inkl. WLAN, Klimaanlage etc.) und 49 Suiten eines der größten Hotels der Stadt. Besonders schön ist der King-David-Flügel, von dem aus man Meerblick genießt.

245 [C9] **David Intercontinental** €€€, 12 R. Yehezkel Koifman, Tel. 03 7951111, www.ichotelsgroup.com. Unter den großen, internationalen Hotelketten stellt das direkt am südlichen Strandabschnitt gelegene David Intercontinental das empfehlenswerteste dar. Die meisten der 516 Zimmer und 39 Suiten (alle inklusive WLAN) haben Meerblick und man verfügt über den Standardkomfort, wie er in dieser Hotelkategorie nun mal üblich ist. Das im Hotel befindliche Restaurant Aubergine empfiehlt sich für mediterrane Spezialitäten.

246 [C8] **Eden House Premier** €, 11 R. Yishkon, Tel. 03 5455900, www.ehpremier.com. Die Lage dieses hübschen Stadthotels zwischen dem Strand und dem volkstümlichen Shuk HaKarmel 6 ist außergewöhnlich. Das Team ist ausgesprochen zuvorkommend und die Zimmer im französischen Landhausstil lassen für diese Preiskategorie wahrlich keine Wünsche offen.

Über den Dächern Tel Avivs – auf der Sonnenterrasse des Cinema Hotel (s. S. 119)

052tv Abb.: dk

247 [C8] **Galileo** €, 8 R. Hillel HaZaken, Tel. 03 5160050, www.sun-aviv.co.il. Angenehmes kleines Hotel mit gerade mal zwölf Zimmern (allesamt mit WLAN und mit Klimaanlage) inmitten des Jemenitischen Viertels. Für die Superlage ausgesprochen günstig, allerdings ist in der Hochsaison ein Mindestaufenthalt von sieben Nächten obligatorisch.

248 [D9] **Hotel Montefiore** €€€, 36 R. Montefiore, Tel. 03 5646100, www.hotelmontefiore.co.il. „Kleine, aber feine" Luxusoase beschreibt dieses geschmackvoll gestaltete Hotel wohl am besten. Bei den 12 Zimmern – WLAN inklusive – stehen Charme, Eleganz und Individualität im Vordergrund und durch die Lage inmitten des beschaulichen Bauhaus-Viertels kommen hier auch stressgeplagte Besucher zur Ruhe. Im Haus gibt es ein empfehlenswertes Restaurant (mit französisch-vietnamesischer Küche) sowie eine trendige Bar.

249 [C6] **Lusky Suites Hotel** €€€, 84 R. HaYarkon, www.luskysuites-htl.co.il, Tel. 03 5163030. Das „Kleine" unter den Suitehotels liegt in unmittelbarer Strandnähe. Wem die Preise nicht zu teuer sind, dem ist hier in einem der großen Zimmer oder Suiten – einige davon mit Küchenzeile und viele mit Balkon – ein besonders angenehmer Aufenthalt garantiert. Der Service ist vorbildlich und im Preis ist das Frühstück inbegriffen.

250 [C4] **Melody Hotel** €€, 220 R. HaYarkon, Tel. 03 5215300, www.atlas.co.il. Nur zwei Minuten vom Strand gelegen – von den meisten der 55 Zimmer hat man Meerblick – und eines der extravaganteren Boutiquehotels Tel Avivs. Die Ausstattung ist tadellos: WLAN, Klimaanlage, DVD- und MP3-Player etc. Hier ist ein Aufenthalt ein echtes Erlebnis, denn im Vordergrund steht das Persönliche, das Wohnliche.

251 [C10] **Neve Tzedek Hotel** €€€, 4 R. Degania, Tel. 054 2070706, www.nevetzedekhotel.com. Als eines der ersten Art-Hotels in Neve Tsedek befindet sich dieses in einem wunderschönen, restaurierten Gebäude aus den 1930er-Jahren. In den überaus stilvoll dekorierten Suiten soll sich der Gast nämlich wie zu Hause fühlen und nicht nur sein Gepäck abstellen – so die Betreiber. WLAN frei und gutes Frühstück auf der Terrasse. Einziges Manko: Die Aussicht könnte besser sein ...

252 [B12] **Old Jaffa Hostel** €, 13 R. Amiad, Tel. 03 6822370, www.telaviv-hostel.com. Das Old Jaffa Hostel ist die authentischste Adresse der Stadt. Hier wohnt man im historischen Ambiente in charmant eingerichteten Zimmern (fast alle mit Balkon). Das Hostel bietet neben Mehrbettzimmern sehr nette Doppelzimmer, weshalb es in dieser Kategorie gelistet ist. Schön ist außerdem die Dachterrasse mit den Hängematten.

253 [C6] **Prima Tel Aviv** €€, 105 R. HaYarkon, Tel. 03 5206666, www.prima.co.il. Das Prima Tel Aviv ist eines der angenehmsten Hotels der Stadt, nicht zuletzt wegen seiner verhältnismäßig moderaten Preise. Nur wenige Meter vom Strand entfernt gelegen, erstrahlt das Hotel im modern-coolen Interieur. Die 60 Zimmer – davon 20 Suiten – sind individuell ausgestattet und haben WLAN sowie in der Regel einen Weitblick über das Meer. Bei Hunger empfiehlt sich das nette, hauseigene Restaurant Prima Vera.

254 [B7] **Sea Executive Suites** €€€, 76 Retsif Herbert Samuel, Tel. 03 7953434, www.sea-hotel.co.il. Direkt am Hauptstrandabschnitt befindet sich dieses geschmackvoll designte Boutiquehotel, das sowohl über Zimmer, Suiten als auch Apartments verfügt. Sehr individuell mit einem erstaunlichen Ausblick über das Meer.

255 [C4] **Shalom Hotel & Relax** €€, 216 R. HaYarkon, Tel. 03 7625400, www.

EXTRATIPP

Bei Fremden zu Hause

Viele junge Leute in Tel Aviv vermieten gerne Zimmer oder manchmal auch ihre ganze Wohnung **zur Untermiete,** selbst für einen Zeitraum von wenigen Tagen. Gute Plattformen für eine private Unterkunftssuche in Tel Aviv sind die Websites www.airbnb.com, www.9flats.com und www.wimdu.de. Wer noch weniger anspruchsvoll ist, dem empfiehlt sich das sog. **Couchsurfing** (www.couchsurfing.org).

atlas.co.il. Dieses relativ kleine Designhotel – nur 51 Zimmer – befindet sich praktisch direkt an der Strandpromenade, also mitten im brodelnden Teil der Stadt. Die Zimmer und Suiten sind aber durchwegs ruhig und gemütlich. Geradezu edel präsentieren sich die Spa-Zimmer mit eigenem Jacuzzi. Auch eine Lounge-Terrasse mit dazugehöriger Bar gehört zum Haus.

256 [C7] **Sun City Hotel** €€, 42 R. Allenby, Tel. 03 5177913, www.sun-aviv.co.il. Das Motto des Sun City Hotel ist „mitten im Zentrum und trotzdem günstig“. In der Tat ist dieses angenehme Hotel mit freundlichem Personal eines der zentralsten seiner Kategorie und überzeugt durch zeitgemäße Ausstattung, Komfort und verhältnismäßig anständige Preise (Frühstück inklusive).

257 [C10] **The Varsano Hotel** €€€, 13 R. Hevrat Shas, Tel. 077 5545500, www.varsano.co.il. Sympathisches Setting mit einem Touch Understatement findet man in diesem hochpreisigen Hotel im historischen Zentrum Neve Tsedeks. Eine der persönlichsten Adressen, nicht zuletzt, da es nur vier Suiten gibt, und das nur wenige Schritte von praktisch allen Hauptsehenswürdigkeiten in der Innenstadt entfernt.

258 [C6] **TLV88 Hotel** €€, 88 R. HaYarkon, Tel. 03 6204676, www.tlv88.com. Gerade mal einen Häuserblock vom Meer entfernt gelegen, ist dieses Hotel in einem renovierten Bauhaus-Gebäude eine gute Variante zur teureren Konkurrenz in der unmittelbaren Nähe. Der Service ist vorbildlich, das Frühstück abwechslungsreich und die Zimmer (Klimaanlage und WLAN inklusive) perfekt zum Relaxen.

Hostels und Jugendherbergen

259 [C5] **Gordon Inn,** 17 R. Gordon, Tel. 03 5238239, www.gordoninn.hostel.com. Unter Reisenden mit knappem Budget eines der beliebtesten und auch brauchbarsten Hostels der Stadt unweit des Strandes. Es ist in erster Linie praktisch und kostengünstig, allerdings dabei nicht übermäßig vielfältig ausgestattet. Es gibt Einzel-, Zwei-, Drei- bis Zehnbettzimmer in mehreren Ausführungen, die sich preislich ab etwa 125 NIS bewegen.

260 [C7] **HaYarkon 48 Hostel,** 48 R. HaYarkon, www.hayarkon48.com, Tel. 03 5168989. Etwas versetzt hinter der Strandpromenade befindet sich dieses Hostel mit verschiedenen Zweibett- und Mehrbettzimmern (ab ca. 75 NIS) sowie einem Gemeinschaftsraum samt Billardtisch und Fernseher. Ideal für junge Leute, die Anschluss suchen.

261 [E1] **Tel Aviv Youth Hostel,** 36 R. Bnei Dan, Tel. 03 5441748. Im äußersten Norden der Stadt, südlich des Yarkon-Flusses beim Namal, befindet sich diese gleichwohl nette und ruhige Jugendherberge mit verschiedenen Zimmer- (von Zwei- bis Mehrbett) und Preiskategorien (ab 100 NIS), Aufenthaltsraum mit Sat-TV, Chill-Out-Lounge mit kostenpflichtigem Internetzugang, Waschmaschinen und Trocknern. Reservierung notwendig!

Verhaltenshinweise

- **Religiöse Stätten:** Der Zutritt ins Innere von **Synagogen** ist für Nicht-Juden erlaubt, jedoch sollte man auf ein gepflegtes Erscheinungsbild – lange Hosen bzw. Kleider, die über die Knie reichen, sowie bedeckte Schultern – achten. Männer müssen außerdem eine Kopfbedeckung tragen, hat man keine eigene dabei, liegen am Synagogeneingang sog. *Kippot* (Gebetskäppchen) aus, die nach dem Besuch wieder zurückgegeben werden müssen. Der Zutritt von **Moscheen** ist Nicht-Muslimen in der Regel verboten, doch wer höflich fragt, wird meist eingelassen. Auch hier gelten die gleichen Kleidungsvorschriften und man sollte nicht fotografieren, ohne vorher um Erlaubnis zu bitten.
- **Als Deutscher oder Österreicher in Tel Aviv:** Längst ist die Zeit vorbei, in der man in Israel Deutschland nur mit seiner antisemitischen Vergangenheit in Verbindung brachte. Die Bundesrepublik gilt als **verlässlicher Partner** des jüdischen Staates und deutsche Städte wie Berlin, Hamburg, Köln oder München stehen auf der Reisebeliebtheitsskala junger Israelis ganz oben. Entsprechend willkommen sind deutsche Gäste. Auch mit Österreich verbindet man schon lange nicht mehr bloß das Geburtsland Adolf Hitlers. Viele Israelis haben ihre **familiären Wurzeln** in Wien und entsprechend ist auch im Gespräch zwischen ihnen und österreichischen Touristen das erste Eis schnell gebrochen.
- **Kritik an Israels Politik:** Wie bereits erwähnt ist Tel Aviv die weltoffenste und liberalste Stadt des Landes und Pazifismus sowie Aussöhnung mit den Arabern gehören für viele Tel Avivim zum Weltbild. Dennoch sollte man sich als Ausländer mit Kritik und „gutgemeinten Ratschlägen" zurückhalten, denn nur wer in Israel lebt, kann die **komplexen Probleme** des Zusammenlebens zwischen jüdischen Israelis, Palästinensern und den anderen Minderheiten in diesem kleinen Land wirklich nachvollziehen.
- **Trinkgelder:** In **Lokalen** sollte man immer ein Trinkgeld – je nach Summe etwa 10 bis 15 % – auf dem Tisch bzw. auf dem Rechnungstellerchen liegen lassen, es sei denn, dass auf der Rechnung bereits eine *Service Charge* von 15 % inkludiert ist. In **Hotels** ist diese Gebühr dagegen in der Regel immer enthalten, ein Trinkgeld für das Personal erübrigt sich folglich.

Verkehrsmittel

Öffentlicher Nahverkehr

Tel Avivs Nahverkehrsnetz ist **rückständig** und **verbesserungswürdig.** Man erreicht zwar praktisch jeden Ort der Stadt mit den „Öffentlichen" und selten hat man mehr als 500 m bis zur nächsten Haltestelle zu gehen, doch man ist ausschließlich auf **Busse** und die sog. Moniot Sherut angewiesen. Pläne für den Bau eines U-Bahn-Netzes bestehen seit Jahrzehnten, doch mehr als Pläne sind es bis jetzt nicht.

Die Buslinien werden von **Dan** (www.dan.co.il, Infos unter Tel. 8787) betrieben und verkehren täglich – abgesehen vom Shabbat (d. h. Freitagnachmittag bis Samstagabend) – von 5.30 bis 0 Uhr. **Fahrkarten** kauft man direkt beim Fahrer. Eine Einzelfahrt kostet 6,90 NIS. Daneben gibt es die aufladbaren Tickets Rav-Kav (20 % günstiger als Einzelfahrkarten) sowie zehn Einzelfahrkarten im Abo (55,20 NIS). Das **Busnetz** ist zwar recht dicht und verständlich gestaltet, so können praktisch alle Sehenswürdigkeiten außerhalb der Innenstadt mühelos mit dem Bus erreicht werden, doch man muss in Tel Aviv beim Busfahren etwas Geduld aufbringen, denn häufig sind die Linien überfüllt und bewegen sich nur langsam durch den ohnehin stressigen Stadtverkehr. Hinzu kommt, dass an den Bussen nur das Endziel angegeben ist, d. h. dass man im Vorfeld wissen sollte, mit **welcher Linie** man bis zu **welcher Haltestelle** fahren muss. Da aber die **Namen der Haltestellen** zwischen den einzelnen Linien variieren und sie nicht immer in den Bussen durchgesagt werden, sollte man beim Einsteigen am besten bereits **dem Fahrer sein Fahrtziel nennen** (in der Regel wird Englisch gesprochen) und ihn bitten, einem bei der Ankunft dort Bescheid zu sagen. Erschwert wird das Busfahren außerdem dadurch, dass es bis dato **keine Karte** gibt, in der sämtliche Buslinien der Stadt eingetragen sind.

049tv Abb.: dk

Gleiches gilt für die **Moniot Sherut** oder kurz *Sherut* (Fahrpreis innerhalb Tel Avivs 6,50 NIS, nach Ramat Aviv 8,50 NIS). Hierbei handelt es sich um Kleinbusse, die als Sammeltaxis fungieren und eine feste Strecke befahren, auf der man nach Belieben ein- (man hält ein solches Sammeltaxi so an, wie man es auch mit einem Taxi machen würde) und aussteigen kann. Auch hier sollte man bereits beim Einsteigen dem Fahrer **sein Ziel nennen** und auch gleich bezahlen. Die Moniot Sherut nehmen übrigens nur Fahrgäste mit, sofern noch Sitzplätze im Fahrzeug vorhanden sind. Im Unterschied zu den Linienbussen fahren sie praktisch rund um die Uhr und das auch am Shabbat. Wichtige Linien der *Sherut* sind (am Shabbat kann es zu geringfügigen Abweichungen der Strecken und Preise kommen):

- **Linie 4:** zentraler Busbahnhof – Rehov Allenby – Rehov Ben-Yehuda – Reading Terminal
- **Linie 4א:** wie Linie 4 nur weiter bis Ramat Aviv inklusive Ramat Aviv Mall und Tel Aviv University
- **Linie 5:** zentraler Busbahnhof – Sderot Rothschild – Dizengoff Center – Rehov Dizengoff – Rehov Nordau – Rehov Pinkas – Rehov Weizman – Rehov HaMaccabi
- **Linie 66:** zentraler Busbahnhof – Rehov Allenby – Rehov Ben-Yehuda – Rehov Bograshov – Dizengoff Center – Rehov Arlozorov – Rehov Weizman – Rehov Pinkas

Falls das genaue Fahrtziel nicht bekannt ist, sollte man besser beim Fahrer nachfragen

032tv Abb.: dk

Taxis

Tel Aviv verfügt über **mehrere Taxikooperative.** Die Taxis sind weiß und tragen die Aufschrift מונית (*Monit* = Taxi). Die **Grundgebühr** beträgt knapp 14 NIS und steigt dann entsprechend der gefahrenen Strecke, außerdem gibt es zwischen 21 und 5.30 Uhr einen etwas teureren Nachttarif. Innerhalb der Stadt sollte eine Fahrt zwischen 25 und 35 NIS kosten. Bei längeren Strecken – z.B. vom Flughafen in die Stadt oder nach Ramla oder Holon – kann es sein, dass der Taxifahrer nicht den **Taxameter** einschalten möchte. In einem solchen Fall sollte man jedoch darauf bestehen und im Zweifelsfall ein anderes Taxi nehmen.

- **Airport Taxi** Tel. 03 9711103 (nur zum Flughafen Ben-Gurion)
- **Balfour Taxis** Tel. 03 5604545
- **HaBima Taxis** Tel. 03 5383131
- **HaYarkon Taxis** Tel. 03 5223233
- **HaTzfon Taxis** Tel. 03 6020210
- **Nordau Taxis** Tel. 03 5466222

Wetter und Reisezeit

In Tel Aviv herrscht ein **gemäßigt warmes Klima.** Selbst im Winter fallen die Temperaturen fast nie unter den Gefrierpunkt. Die durchschnittliche Tagestemperatur liegt im Januar bei etwa 13 °C, im April bei etwa 19 °C, im Juli bei über 26 °C und im Oktober noch bei stolzen 23 °C. Unangenehm sind im Frühjahr und Spätherbst die **Regenfälle,** die teilweise zu sintflutartigen Überschwemmungen der Straßen führen. Im Juli und August ist die **schwüle Hitze** „unerträglich", weshalb viele Menschen möglichst viel Zeit am Meer verbringen, um sich Abkühlung zu verschaffen.

Besonders im Winter kann das „zarte" Mittelmeer auch ganz schön wild werden

Wetter und Reisezeit

Vermeiden sollte man Tel Aviv – außer für familiäre Besuche – während der **jüdischen Feiertage** wie Pessach (im März oder April) und im September oder Oktober zu Rosh HaShana und Yom Kippur, dann ist die Stadt zwar ruhiger als sonst, leider haben aber auch viele Geschäfte und Ausstellungshäuser geschlossen und die ohnedies hohen Hotelpreise steigen dann nochmals. Die besten Reisezeiten sind also der **Frühling** und der **Spätsommer** und **Frühherbst**, aber auch der Dezember, wenn es zu Hause gerade so richtig kalt geworden ist und man in Tel Aviv mit etwas Glück auch schon mal einen Tag mit 20 °C erwischen kann.

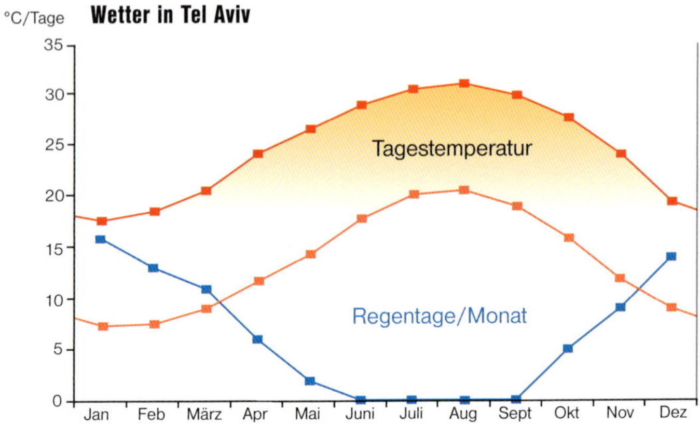

Anhang

054tv Abb.: dk

Kleine Sprachhilfe Hebräisch

Die Sprachhilfe beruht auf dem Kauderwelsch-Sprechführer **„Hebräisch Wort für Wort“** (Band 37) aus dem Reise Know-How Verlag

Aussprache

Im Folgenden sind die Buchstaben (-kombinationen) aufgeführt, deren Aussprache abweichend vom Deutschen ist bzw. sein kann.

'	ein Stimmabsatz wie in „be'achten“
ch	wie „ch“ in „Krach“
e	zwischen „e“ in „nett“ und „ä“ in „Kälte“
h	wie „h“ in „Hamburg“
r	Gaumen-r
s	immer ein stimmloses „s“ wie in „Bus“
sh	wie „sch“ in „Schach“
tz	wie „z“ in „Ziegelstein“
v	wie „v“ in „Vase“
y	wie „j“ in „Jahr“
z	stimmhaftes „s“ wie in „Saal“

Zahlen

0	*efes*
1	*achat*
2	*shtayim*
3	*shalosh*
4	*arba'*
5	*chamesh*
6	*shesh*
7	*sheva'*
8	*shmone*
9	*tesha'*
10	*eser*
11	*achat esre*
12	*shtem esre*
13	*shalosh esre*
14	*arba' esre*
15	*chamesh esre*
16	*shesh esre*
17	*shva' esre*
18	*shmone esre*
19	*tsha' esre*
20	*esrim*
21	*esrim ve echad*
22	*esrim ve shtayim*
23	*esrim ve shalosh*
24	*esrim ve arba'*
25	*esrim ve chamesh*
26	*esrim ve shesh*
27	*esrim ve sheva'*
28	*esrim ve shmone*
29	*esrim ve tesha'*
30	*shloshim*
40	*arba'im*
50	*chamishim*
60	*shishim*
70	*shiv'im*
80	*shmonim*
90	*tish'im*
100	*me'a*
200	*matayim*
300	*shlosh me'ot*
400	*arba' me'ot*
500	*chamesh me'ot*
600	*shesh me'ot*
700	*shva' me'ot*
800	*shmone me'ot*
900	*tsha' me'ot*
1000	*elef*
2000	*alpayim*

Die wichtigsten Richtungsangaben

smol	links
yamin	rechts
yashar	geradeaus
bechasara	zurück
karov	nah
rachok	weit
po	hier
sham	dort

+++ NEU: Die wichtigsten Wörter mit dem Bonus-Audiotrack des Kauderwelsch-

al yad/leyad	nebenan
mul	gegenüber
bapina	an der Ecke
batzomet	an der Kreuzung
baramzor	an der Ampel
bamerkaz	im Zentrum
michutz la'ir	außerhalb der Stadt
lifnot	abbiegen
lachzor	zurückgehen

Die wichtigsten Fragewörter

mi?	Wer?
ma?	Was?
ech?	Wie?
efo?	Wo?
le'an?	Wohin?
me'efo?/me'ayin?	Woher?
matay?	Wann?
lama?	Warum?
kama?	Wie viel?

Die wichtigsten Zeitangaben

hayom	heute
machar	morgen
machrotayim	übermorgen
etmol	gestern
shilshom	vorgestern
achshav	jetzt
miyad	sofort
od me'at	bald
tamid	immer
af pa'am lo	nie
kvar	schon
kodem	vorher
achar kach	nachher
mukdam (... yoter)	früh(er)
me'uchar (... yoter)	spät(er)
baboker	morgens
batzohorayim	mittags
ba'erev	abends
be'ofen	täglich

Die wichtigsten Fragen

Gibt es ...?	*yesh ...?*
Ich brauche ... (m./w.)	*ani tzarich/tzricha ...*
Ich möchte ... (m./w.)	*ani rotze/rotza ...*
Geben Sie (m./w.) mir bitte ...	*ten/tni li bevakasha et ...*
Wo kann man ... kaufen?	*efo efshar liknot ...?*
Wie viel kostet das?	*kama se ole?*
Was ist das?	*ma se?*
Wo ist/befindet sich ...?	*efo ...?*
Ich (m./w.) möchte nach ... fahren.	*ani rotze/rotza linso'a le ...*
Wie komme ich (m./w.) nach ...?	*ech ani magi'a/megi'ah le ...?*
Ist das der Bus nach ...?	*se haotobus le ...?*
Wann fährt der Bus nach ... ab?	*matay yotze haotobus le ...?*

Die wichtigsten Floskeln und Redewendungen

ja/nein	*ken/lo*
bitte	*bevakasha*
(Vielen) Dank!	*toda (raba)!*
Guten Morgen!	*boker tov!*
Guten Abend!	*erev tov!*
Herzlich willkommen!	*baruchim haba'im!*
Wie geht's?	*ma nishma?*
Wie geht es dir (m./w.)?	*ma shlomcha/shlomech?*

(Sehr) gut./Es geht so.	*tov (me'od)./kacha kacha.*
Auf Wiedersehen!	*lehitra'ot!*
Hallo!/Tschüss!	*shalom!*
In Ordnung!	*beseder*
Ich (m./w.) weiß (es) nicht.	*ani (lo) yode'a/yoda'at.*
Guten Appetit!	*bete'avon!*
Zum Wohl!/Prost!	*lechayim!*
Bringen Sie (m./w.) mir ...	*tavi/tavi'i li et ...*
Entschuldige/n Sie!	*slicha!*
Es tut mir (m./w.) leid!	*ani mitzta'er/mitzta'eret.*
Gestatten!/Darf ich?	*efshar?*
Sehr gern!	*bekef!*
Können Sie (m./w.) mir helfen?	*ata yachol/at yechola la'asor li?*
Hilfe!	*hatzilu!*
Bringen Sie mich bitte zu/nach ... (im Taxi)	*kach oti le ... bevakasha.*

Im Restaurant

Speisekarte	*tafrit*
Teller	*tzalachat*
Tasse	*sefel*
Wein	*yayin*
Bier	*bira*
Wasser	*mayim*
Milch	*chalav*
Brot	*lechem*
Flasche (groß/klein)	*bakbuk (gadol/katan)*
Glas	*kos*
Gabel	*mazleg*
Messer	*sakin*
Löffel	*kaf*
Serviette	*mapit*
Besteck	*sakum*
Suppe	*marak*
Fleisch	*basar*
Fisch	*dag*
Obst	*pri*
Gemüse	*yerakot*
Salat	*salat*
Können wir bitte die Speisekarte sehen?	*efshar lekabel et hatafrit bevakasha?*
Wir möchten bitte ...	*anachnu rotzim ...*
Was können Sie (m./w.) empfehlen?	*ma ata yachol/at yechola lehamlitz?*
Ich (m./w.) nehme zum Essen ...	*ani rotze/rotza le'echol ...*
Ich (m./w.) nehme zum Trinken ...	*ani rotze/rotza lishtot ...*
Die Rechnung, bitte!	*cheshbon bevakasha!*

Die wichtigsten Einkaufsfloskeln

Ich (m./w.) suche ...	*ani mechapes/mechapeset ...*
Haben Sie (m./w.) ...?	*yesh lecha/lach ...?*
Wo kann ich ... kaufen?	*efo efshar liknot ...?*
Wo kann ich ... finden?	*efo efshar limtzo ...?*
Gibt es hier einen Supermarkt?	*yesh po supermarket?*
Wo ist das/die nächste ...?	*efo ha ... hakarov/hakrova?*
Apotheke	*bet mirkachat*
Buchgeschäft	*chanut sfarim*
Lebensmittelgeschäft	*makolet*
Kleidungsgeschäft	*chanut bgadim*
Souvenirshop	*chanut mazkarot*
Wie viel kostet das?	*kama se ole?*
Wie viel kostet das Kilo?	*kama se ole lekilo?*
Das ist sehr teuer!	*se yakar me'od!*
Das ist zu teuer!	*se yoter miday yakar!*

Nichts verstanden? – Weiterlernen!

Ich (m./w.) spreche nicht (gut) Hebräisch.	*ani lo medaber/medaberet (tov) 'ivrit.*
Ich (m./w.) möchte Hebräisch lernen.	*ani rotze/rotza lilmod 'ivrit.*
Wie bitte?	*ma?*
Was haben Sie (m./w.) gesagt?	*ma amarta/amart?*
Ich habe nicht(s) verstanden!	*ani lo hevanti (klum)!*
Sprechen Sie (m./w.) Englisch?	*ata medaber/at medaberet anglit?*
Wie sagt man ... auf Hebräisch?	*ech omrim ... be'ivrit?*
... auf Deutsch	*... begermanit*
... auf Englisch	*... be'anglit*
... auf Französisch	*... betzarfatit*
... auf Niederländisch	*... behollandit*
Können Sie (m./w.) das bitte wiederholen?	*ata yachol/at yechola lehagid et ze od pa'am?*
Sprechen Sie (m./w.) bitte langsamer!	*efshar yoter le'at bevakasha.*
Können Sie (m./w.) mir das bitte aufschreiben?	*ata yachol/at yechola lichtov li et se bevakasha?*

Die hebräische Woche

Sonntag	*yom rishon*
Montag	*yom sheni*
Dienstag	*yom shlishi*
Mittwoch	*yom revi'i*
Donnerstag	*yom chamishi*
Freitag	*yom shishi*
Samstag	*shabat*

Register

A
Accessoires 16
Ajami 97
American Colony 96
Animation 47
Anreise 100
Apotheke 109
Apps 143
Architektur 73
Arthur Rubinstein Piano Competition 47
Arzt 108
Ausgehen 32
Auslandsreisekrankenversicherung 108
Ausreise 104
Autofahren 101
Azrieli Center 15, 81

B
Barrierefreies Reisen 103
Bars 32
Bauhaus 73, 74
Beach Cinema 47
Beautyartikel 17
Beit Ha'ir 38
Beit HaTfutsot 90
Beit-Immanuel-Kirche 97
Ben-Gurion, David 85
Ben-Gurion House 85
Ben-Gurion International Airport 100
Benutzungshinweise 5
Besonderheiten der Stadt 12
Bet Knesset HaGadol 75
Bialik House 38
Bierfestival 47
Bildung 56
Botschaft 104
Bücher 17
Busse 101, 123

C
Cafés 30
Chag Ha'Ahava 47
Chanukka 48
Charles Clore Park 44
City Hall 82
Clock Tower 91
Comics and Caricature Festival 47
Cymbalista-Synagoge 89

D
Design Museum Holon 43
Diaspora 90
Diplomatische Vertretungen 104
Discos 34
Dizengoff Center 15, 62
Doc Aviv 46
Dov Hoz Airport 101
Dyada 110

E
EC-Karte 105, 110
Einkaufen 15
Einkaufszentren 15
Einreise 104
Einwohner 56
Eiscafés 30
Endless Summer Weekend 48
Englisch 115
Entspannen 43
Eretz Israel Museum 88
Essen und Trinken 22
Etzel Museum 64

F
Fashion Designer's Bazaar 45
Feiertage 45
Filme 98
Filmfestivals 45, 47, 48
Flamenco-Festival 45
Florentin 78
Flüge 100
Flughafen 100

G
Gan Ha'atzmaut 44
Gan HaPisgah 44
Gan Meir 44
Gastronomie 22
Gay Parade 47
Geldautomaten 105
Geldfragen 105
Goethe-Institut Tel Aviv 108
Gourmet Week 45
Gutman Museum of Art 40

H
Hafen (Jaffa) 95
Hafen (Tel Aviv) 86
Haganah Museum 40
HaHaganah 66
Handy 118
Harry Oppenheimer Diamond Museum 40
Hassan-Bek-Moschee 77
HaTachana 76
Hebräisch 64, 115
Helena Rubinstein Pavilion for Contemporary Art 40
Holon 43
Homosexuelle 113
Hostels 122
Hotels 119
Houses from Within 47
Humus Festival 48

I
Icon Festival 48
IDF History Museum 41
Ilana Goor Museum 41
Independence Hall 72
Informationsquellen 106
Internationale Musikfestival 46
International Marathon for Jazz and Avantgarde Music 47
Internet 108

Internetcafés 108
Internetseiten 107
Israel Festival 46
Israeli Opera 47
IsraWine Expo 45

J
Jabotinsky Institute 64
Jaffa 91
Jaffa Tales 93
Jemenitenviertel 67
Jiddisch 115
Jugendherbergen 122

K
Kartensperrung 110
Kaschrut 24
Kerem HaTemanim 67
Kikar Bialik 62
Kikar Dizengoff 60
Kikar Kedumim 93
Kikar Tsina 61
Kikar Yitzhak Rabin 82
Kinder 109
Kino 35, 61
Klubs 34
Kneipen 32
Koscher 24
Krankenhaus 108
Kreditkarte 105, 110
Küche, israelische 22
Kunstgalerien 42

L
Lag BaOmer 46
Leben in der Stadt 56
Lebensmittel 21
Lesben 113
Levinski-Gewürzmarkt 21, 78
Literaturtipps 107
Livemusik 34
Luna Park 110

M
Maestrokarte 105, 110
Mahmudiya-Moschee 92
Maine Friendship House 97
Märkte 19
Medien 107
Medizinische Versorgung 108
Menschen mit Behinderung 103
Meymadion 110
Mietwagen 103
Mitz 30
Mobiltelefon 118
Mode 16
Moderner Tanz 39
Moniot Sherut 124
Museen 38
Museum der jüdischen Diaspora 90
Museum of the I.Z.L. 41
Musik 17
Musik und Tanz 37

N
Nachtleben 32
Namal Tel Aviv 86
Namal Yafo 95
Netzspannung 104
Neuer Israelischer Schekel 105
Neve Tsedek 74
Noga 96
Notfälle 110
Notrufnummern 110

O
Öffentlicher Nahverkehr 123
Öffnungszeiten 111

P
Palmach Museum 41
Pannendienst 103
Parken 101
Pensionen 119
Pessach 45

068tv Abb.: dk

Pishpeshuk 47
Politik 56
Polizei 110
Post 111
Preisniveau 105
Publikationen 107
Purim 45

R
Rabin, Yitzhak 83
Radfahren 111
Ramat Aviv 88
Ramat Gan
Safari Park 110
Raucher 32
Rehov Ben-Yehuda 62
Rehov HaMelekh George V.
(Rehov King George) 63
Rehov Ibn Gabirol 84
Rehov Meir Dizengoff 61
Rehov Nachalat
Binyamin 67
Reisepass 104
Reiseschecks 105
Reisezeit 125
Restaurants 24
Rettungsschwimmer 70
Rokach House 41
Rosh HaShana 48
Rothschild 72
Rubin Museum 42
Rückreise 100
Rundgang 13

S
Saint Peter Church 94
Sarona 80
Schekel 105
Schiff 101
Schwimmen 70
Schwule 113
Scooter 103
Sderot Ben-Gurion 85
Sderot Rothschild 47, 71
Shabbat (Sabbat) 111
Shalom Meir Tower 71
Shavuot 47
Sherut 124
Shopping 15
Shuk HaKarmel 20, 66
Sicherheit 114
Sicherheits-
überprüfungen 104
Silvester 48
Simhat Tora 48
Smoker's Guide 32
Sommerfest in Jaffa 47
Souvenirs 18
Spartipps 106
Sperrnotruf 110
Spirituosen 21
Sprache 64, 115
Stadtgeschichte 52
Stadtspaziergang 8, 13
Stadttouren 115
Strände 68
Straßenfest
Sderot Rothschild 47
Straßennamen 9
Straßenschilder 9
Sukkot 48
Suzanne Dellal's World
Dance Festival 47

T
Tabak 21
Tauchen 70
Taxis 125
Tayelet 68
Teatroneto
Theatre Festival 46
Tel-Afek-
Nationalpark 44
Tel Aviv Beaches 68
Tel Aviv Dance Festival 48
Tel Aviv Film Festival 45
Tel Avivim 58
Tel Aviv Marathon 45
Tel Aviv Museum of Art 81
Tel Aviv Port
Shopping Raft 45
Tel Aviv University 89
Telefonieren 118
Termine 45
Theater 36
Tisha Be'Av 48
TLV mustcard 106
Touristeninformation 106
Tu Be'Av 47
Tu Be Shevat 45

U
Uhrzeit 118
Universität 89
Unterkunft 118

V
Veranstaltungen 45
Verhaltenshinweise 123
Verkehrsmittel 123
Visum 104
Vorwahlen 5, 118
V-Pay 105

W
Währung 105
Wechselkurse 105
Wechselstuben 62, 105
Wein 21
Weiße Stadt 73
Wellness 17
Wetter 125
White Night 47
Wine & Jazz 47
Wirtschaft 56
WLAN 31, 108

Y, Z
Yafo 91
Yarkon Park 44
Yom Ha'atzmaut 46
Yom HaShoah 46
Yom Kippur 48
Zeit 118
Zoll 104

Für Spaziergänger, Jogger, Rollerblader oder Radler ein Paradies: die Tayelet 7!

Der Autor

Daniel Krasa ist freiberuflicher Autor und Dokumentarfilmer. Er wurde 1976 in Wien geboren, verbrachte aber einen Großteil seines Lebens „auf Achse“. Tel Aviv gehört für ihn dabei bis heute zum obligaten Stopover, denn an der lebensfrohen Metropole am Mittelmeer reizen den Autor v. a. die vielen Kontraste und die erstaunlich relaxte Mentalität, mit der die örtliche Bevölkerung dem häufig komplizierten Alltag in dieser doch so konfliktreichen Region die Stirn bietet. Im Reise Know-How Verlag sind von Daniel Krasa mehrere Bände in der Kauderwelsch-Reihe, die CityTrip-Bände Wien, Frankfurt und Neapel sowie der Reiseführer Ibiza mit Formentera (zusammen mit Hans-R. Grundmann) erschienen.

Für die Unterstützung und Hilfe bei Erarbeitung dieses Buches dankt der Autor Anne Lehrnickel, August Krasa, Dr. Ben Segenreich, Benjamin Audour, Dalja Gimpel, David Ressler, Elinora Shekercioglu, Ingeburg Amodé Jael Staszewski-Schulz, Lidia Fabian, Malefya Mekonen, Moria Inbar, Nira Scherer, Roy Nussbaum, Sagit Weiss, Shai Cohen, Sharon Ressler, Thomas Pauli, Yaron Toledo, Vanessa Davitkov u. v. a.

Schreiben Sie uns

Dieser CityTrip-Band ist gespickt mit Adressen, Preisen, Tipps und Infos. Nur vor Ort kann überprüft werden, was noch stimmt, was sich verändert hat, ob Preise gestiegen oder gefallen sind, ob ein Hotel, ein Restaurant immer noch empfehlenswert ist oder nicht mehr usw. Unsere Autoren sind zwar stetig unterwegs und erstellen alle zwei Jahre eine komplette Aktualisierung, aber auf die Mithilfe von Reisenden können sie nicht verzichten.

Darum: Schreiben Sie uns, was sich geändert hat, was besser sein könnte, was gestrichen bzw. ergänzt werden soll. Wenn sich die Infos direkt auf das Buch beziehen, würde die Seitenangabe uns die Arbeit sehr erleichtern. Gut verwertbare Informationen belohnt der Verlag mit einem Sprechführer Ihrer Wahl aus der über 220 Bände umfassenden Reihe „Kauderwelsch“.

Bitte schreiben Sie an:
Reise Know-How Verlag Peter Rump GmbH, Postfach 140666, D-33626 Bielefeld, oder per E-Mail an: info@reise-know-how.de

Danke!

Weitere Bücher von Daniel Krasa bei Reise Know-How

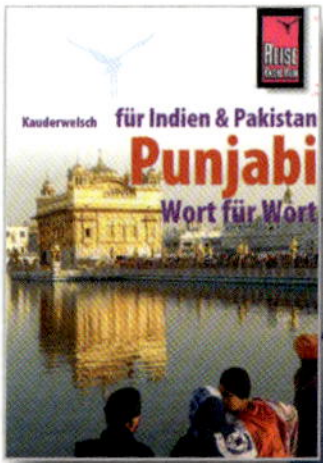

Liste der Karteneinträge

1 [D6] Kikar Dizengoff S. 60
2 [D6] Rehov Meir Dizengoff S. 61
3 [C7] Kikar Bialik S. 62
4 [D7] Rehov HaMelekh George V. S. 63
5 [D7] Etzel Museum und Jabotinsky Institute S. 64
6 [C8] Shuk HaKarmel S. 66
7 [B6] Tayelet und Tel Aviv Beaches S. 68
8 [D9] Shalom Meir Tower S. 71
9 [D9] Sderot Rothschild S. 71
10 [D9] Independence Hall S. 72
11 [E9] Die Weiße Stadt – entlang der Sderot Rothschild S. 73
12 [C10] Neve Tsedek S. 74
13 [C11] HaTachana S. 76
14 [C9] Hassan-Bek-Moschee S. 77
15 [D11] Florentin S. 78
16 [F6] Sarona S. 80
17 [G6] Azrieli Center S. 81
18 [F5] Tel Aviv Museum of Art S. 81
19 [E5] Kikar Yitzhak Rabin S. 82
20 [E6] Rehov Ibn Gabirol S. 84
21 [C5] Sderot Ben-Gurion S. 85
22 [C5] Ben-Gurion House S. 85
23 [B2] Namal Tel Aviv S. 86
24 [S. 144] Eretz Israel Museum S. 88
25 [S. 144] Tel Aviv University S. 89
26 [S. 144] Beit HaTfutsot S. 90
27 [B12] Clock Tower S. 91
28 [B12] Mahmudiya-Moschee S. 92
29 [A12] Kikar Kedumim S. 93
30 [A12] Saint Peter Church S. 94
31 [A13] Namal Yafo S. 95
32 [C11] American Colony und Noga S. 96
33 [B13] Ajami S. 97

1 [D7] Dizengoff Center S. 15
2 [F7] Gan Ha'ir S. 16
3 [B7] Opera Tower Shopping Center S. 16
5 [C11] American Vintage S. 16
6 [D3] Alef Alef S. 16
7 [B1] Comme il faut S. 16
8 [D9] Daniella Lehavi S. 17
9 [B12] Gusta S. 17
10 [C4] Heartbreaker S. 17
11 [C5] Kay S. 17
12 [C5] Oberson Fashion House S. 17
13 [E9] Roni Kantor S. 17
14 [C5] Sarah Braun S. 17
15 [C3] Story S. 17
16 [C11] Ahava S. 17
17 [B1] Bayit Ba S. 17
18 [C6] Beit Heyoka S. 17
19 [D8] Sabon S. 17
20 [D6] Yulia Manicure S. 17
21 [E5] Bookworm S. 17
22 [E3] I.B.S. Records S. 17
23 [C10] Sipur Pashut S. 18
24 [D5] Steimatzky S. 18
25 [D7] The Third Ear S. 18
26 [C10] Agas and Tamar S. 18
27 [C3] Dori Csengeri S. 18
28 [C3] Goldy S. 18
29 [C10] Joï Gallery S. 18
30 [C11] Made in TLV S. 18
31 [B12] One Bedroom S. 19
32 [D8] Photo House Pri-Or S. 19
33 [E8] Retro-TLV S. 19
34 [B12] Sharon Brunsher S. 19
35 [F7] Villa Maroc S. 19
36 [D8] Bezalel-Markt S. 19
37 [D6] Dizengoff-Flohmarkt S. 19
38 [D9] Nachalat Binyamin S. 19
39 [B2] Shuk Ha S. 20
40 [B12] Shuk HaPishpesh S. 20
42 [E5] Bakery S. 21
43 [D6] Bread Story S. 21
44 [B12] Galilee's S. 21
45 [C8] Halva Center S. 21
46 [C5] Le Palais des Thés S. 21
47 [D10] Levinski-Gewürzmarkt S. 21
48 [E9] Max Brenner S. 21
50 [D6] Teva Castel S. 21
51 [D6] Aperitif S. 21
52 [C3] Mendel Kosher Wine S. 21
53 [C2] Porto Vino S. 21

Liste der Karteneinträge

54 [F7] Wine & More S. 21
55 [F7] Wine Route – Shaked Brothers S. 21
56 [D9] Abraxas North S. 24
57 [E5] Brasserie M&R S. 25
58 [D9] Catit S. 25
59 [B12] Charcuterie S. 25
60 [F9] Coffee Bar S. 25
61 [B12] Cordelia S. 25
62 [C10] Dallal S. 25
63 [G7] Messa S. 25
65 [C4] Shila S. 25
66 [D8] Tchernihovski 6 S. 26
67 [C11] Vicky Cristina S. 26
68 [E9] Café Noir S. 26
69 [A13] Container S. 26
70 [C5] Goocha S. 26
71 [F7] Ha'Achim S. 26
72 [B12] Haj Kahil S. 26
73 [C8] HaMitbachon S. 27
75 [B10] Manta Ray S. 27
76 [C10] Suzanna S. 27
77 [F5] Toto S. 27
78 [B2] Yulia S. 27
79 [D8] Agadir S. 27
80 [C8] Baba Yaga S. 27
82 [C3] Benedict S. 28
83 [F9] Cucina Tamar S. 28
84 [C2] FU Sushi S. 28
85 [E5] Meat Bar S. 28
86 [C4] Mel & Michelle S. 28
87 [D10] Nanuchka S. 28
88 [C8] Pappa's S. 28
89 [A12] Sardinia S. 28
90 [E12] Shmulik Cohen S. 29
92 [C6] Thai House S. 29
93 [D9] Vong S. 29
94 [H7] Zepra S. 29
95 [C8] Banin Jonny S. 29
96 [E6] Frank's S. 29
97 [D6] HaKosem S. 29
98 [E11] 24 Rupee S. 29
99 [E6] Indira S. 29
100 [E6] HaVitrina S. 30
101 [D9] Meshek Barzilay S. 30
102 [F7] Ruben S. 30
103 [D9] Tony Vespa S. 30
104 [C10] Anita Ice Cream S. 31
105 [C3] Café Michal S. 31
106 [B12] Fleamarket S. 31
107 [B1] Gilly's S. 31
108 [E4] Hemda S. 31
109 [D9] Iceberg S. 31
110 [C2] Idelson 10 S. 31
111 [C2] Jeremiah S. 31
112 [D3] Lulu Café Pâtisserie S. 31
113 [C6] Mersand S. 31
114 [C10] Savta Ice Cream S. 31
115 [D7] Sonya Getzel Shapira S. 32
116 [C4] Nola S. 32
117 [D3] Vaniglia S. 32
118 [D10] Aria S. 32
119 [E8] Armadillo S. 32
120 [D11] Bugsy S. 33
121 [E7] Peacock S. 33
122 [E9] Radio E.P.G.B S. 33
123 [C8] Salon Berlin Bar S. 33
124 [B12] Shaffa Bar S. 33
125 [C8] The Minzar S. 33
126 [D6] Wine Bar Boutique S. 33
127 [D9] Breakfast Club Milk S. 34
128 [D9] Pasáž S. 34
129 [D11] HaOman 17 S. 34
130 [E9] Levontin S. 34
131 [D9] Lima Lima S. 34
132 [D9] Rothschild S. 34
133 [C11] Saloona S. 34
134 [C1] Shablul Jazz Club S. 35
135 [F11] The Block S. 35
136 [F7] The Cat & The Dog S. 35
137 [B1] Tipsy S. 35
139 [F7] Cinematheque S. 35
140 [D6] Rav-Hen Kino S. 35
141 [D6] Beit Lessin S. 36
142 [E7] HaBimah National Theatre of Israel S. 36
143 [C11] HaGesher Theatre S. 36
144 [B12] Jaffa Theatre S. 36
145 [A12] Mayumana S. 36
146 [A12] Nalaga'at Center S. 36
147 [F6] The Cameri Theatre S. 36

148 [E6] Tzavta S. 37
149 [E6] Zoa Theatre S. 37
150 [D7] Felicja Blumental Music Center and Library S. 37
151 [E7] Frederic Mann Auditorium S. 37
152 [C10] Suzanne Dellal Centre S. 37
153 [F6] The Israeli Opera S. 37
154 [C7] Beit Ha'ir S. 38
155 [C7] Bialik House S. 38
156 [C10] Gutman Museum of Art S. 40
157 [D9] Haganah Museum S. 40
158 [H4] Harry Oppenheimer Diamond Museum S. 40
159 [F5] Helena Rubinstein Pavilion for Contemporary Art S. 40
160 [C11] IDF History Museum S. 41
161 [A12] Ilana Goor Museum S. 41
162 [B11] Museum of the I.Z.L S. 41
164 [C10] Rokach House S. 41
165 [C7] Rubin Museum S. 42
166 [D8] Chelouche Gallery S. 42
167 [B12] Gaporou Gallery S. 42
168 [A13] Jaffa Art Salon S. 42
169 [F5] Litvak Gallery S. 42
170 [C5] Stern Gallery S. 42
171 [B12] Urban Gallery S. 42
172 [B10] Charles Clore Park S. 44
173 [C3] Gan Ha'atzmaut S. 44
174 [A12] Gan HaPisgah S. 44
175 [D7] Gan Meir S. 44
177 [E1] Yarkon Park S. 44
178 [C8] Halev HaRachav S. 67
179 [C8] Melekh HaMarakim S. 67
180 [C8] Mivgash Rahel S. 67
181 [C8] Shlomo ve Doron S. 67
182 [C8] Tzarum S. 67
183 [B3] Mezizim Beach S. 69
184 [B3] Nordau Beach S. 70
185 [B4] Hilton Beach S. 70
186 [B5] Marina Beach S. 70
187 [B6] Gordon und Frishman Beach S. 70
188 [B7] Trumpeldor, Yerushalayim und Ge'ula Beach S. 70
189 [B9] Banana Beach S. 70
190 [B11] Alma Beach S. 70
191 [B12] Dr. Shakshuka S. 90
192 [B12] Shabtai HaYafe S. 93
193 [C11] Beit-Immanuel-Kirche S. 97
194 [C11] Maine Friendship House und Museum S. 97
195 [A13] Ali Karavan S. 98
196 [C6] Bograshov S. 102
197 [B13] Galey Tsahal S. 102
198 [C9] Gan HaKovshim S. 103
199 [C8] HaRav Kook S. 103
200 [C10] HaTachana S. 103
201 [C9] Karmel S. 103
202 [E7] Tarbut S. 103
203 [C6] Tel. Nordau S. 103
204 [B12] Tel Aviv Tourism Association S. 106
205 [B8] Tel Aviv Tourism Association S. 106
206 [D6] Bauhaus Center Tel Aviv S. 107
@207 [C7] Log In S. 108
208 [F5] Goethe-Institut Tel Aviv S. 108
209 [D3] David Adom Michael Sobell S. 109
210 [F5] Ichilov Hospital – Sourasky Medical Center S. 109
211 [D6] Super-Pharm S. 109
212 [B1] Dyada S. 110
216 [C3] Tourist Police Office S. 110
217 [E9] Hauptpostamt Tel Aviv S. 111
218 [C3] Postamt Dizengoff S. 111
221 [C4] Cycle TLV S. 112
222 [C3] O-FUN S. 112
223 [C8] Rosen & Meents S. 112
224 [B12] Wheel Bee S. 112
225 [D8] Agudah S. 113
226 [D7] Gay Center S. 113
227 [E8] GLBT S. 113
228 [D9] Amazona Bar S. 113
229 [C8] Café Sheleg S. 113
230 [E9] Joz ve Loz S. 113
231 [D7] Landwer S. 114
232 [D9] Speak S. 114
233 [D9] Minerva S. 114
234 [C8] Apolo S. 114

Liste der Karteneinträge, Legende der Karten- und Textsymbole

235 [D9] Shpagat S. 114
236 [E9] Evita S. 114
237 [B11] Moadon HaTeatron S. 114
238 [C9] Tel Aviv Hotel Association S. 119
239 [C3] Alexander S. 119
240 [C6] Artplus Hotel S. 119
241 [D9] Brown TLV Urban Hotel S. 119
242 [D6] Center Chic Hotel S. 119
243 [D6] Cinema Hotel S. 119
244 [C6] Dan Tel Aviv S. 120
245 [C9] David Intercontinental S. 120
246 [C8] Eden House Premier S. 120
247 [C8] Galileo S. 121
248 [D9] Hotel Montefiore S. 121
249 [C6] Lusky Suites Hotel S. 121
250 [C4] Melody Hotel S. 121
251 [C10] Neve Tzedek Hotel S. 121
252 [B12] Old Jaffa Hostel S. 121
253 [C6] Prima Tel Aviv S. 121
254 [B7] Sea Executive Suites S. 121
255 [C4] Shalom Hotel & Relax S. 121
256 [C7] Sun City Hotel S. 122
257 [C10] The Varsano Hotel S. 122
258 [C6] TLV88 Hotel S. 122
259 [C5] Gordon Inn S. 122
260 [C7] HaYarkon 48 Hostel S. 122
261 [E1] Tel Aviv Youth Hostel S. 122

Hier nicht aufgeführte Nummern liegen außerhalb der abgebildeten Karten. Ihre Lage kann aber wie bei allen Ortsmarken im Buch mithilfe unserer Kartenansichten unter Google Maps™ gefunden werden (s. rechts).

Legende der Karten- und Textsymbole

- Hauptsehenswürdigkeit
- [L6] Verweis auf Planquadrat im City-Faltplan
- Arzt, Apotheke, Krankenhaus
- Bar, Bistro, Klub, Treffpunkt
- Bibliothek
- Café
- Freibad
- Geschäft, Kaufhaus, Markt
- Hotel, Unterkunft
- Imbiss
- Informationsstelle
- Internetcafé
- Jugendherberge, Hostel
- Kirche
- Moschee
- Museum/Galerie
- Musikszene, Disco, Tanz
- Parken
- Polizei
- Postamt
- Restaurant
- Sport-/Spieleinrichtung
- Sonstiges
- Synagoge
- Theater
- Sehenswürdigkeit
- Stadtspaziergang S. 8
- Stadtspaziergang S. 13
- Shoppingareal
- Gastro- und Nightlife-Areal

Tel Aviv mit PC, Smartphone & Co.

QR-Code auf dem Umschlag scannen oder **http://ct-telaviv14.reise-know-how.de** eingeben und den kostenlosen **CityTrip-Onlineservice** aufrufen!

★**Anzeige der Lage und Luftbildansichten aller** beschriebenen Sehenswürdigkeiten und touristisch wichtigen Orte

★**Routenführung** vom aktuellen Standort zum gewünschten Ziel

★**Exakter Verlauf** der empfohlenen Stadtspaziergänge

★**Audiotrainer** der wichtigsten Wörter und Redewendungen

Weitere **kostenlose Downloads** auf **www.reise-know-how.de** auf der Produktseite dieses Titels unter „Datenservice":

★**Faltplan als PDF mit Geodaten:** Nach dem Speichern auch mobil nutzbar auf allen Geräten mit PDF-Reader. Für Smartphones/Tablets empfiehlt sich die App „PDF Maps" von Avenza™ mit einer breiten Funktionspalette.

★**GPS-Daten aller Ortsmarken:** einfacher Import in GPS-Geräte, Navis und Geosoftware auf PCs und mobilen Geräten.

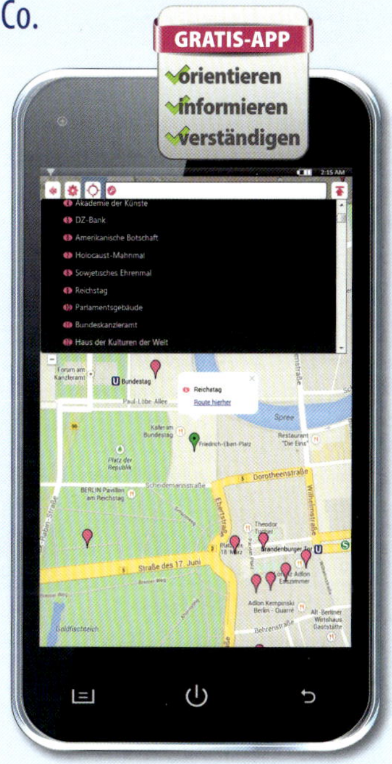

http://ct-telaviv14.reise-know-how.de

Unsere App-Empfehlungen zu Tel Aviv

› **VISITLV Tel Aviv-Jaffa Official Guide:** Die offizielle App der Tourismusbehörde bietet Wissenswertes zu Museen und Galerien, daneben aber auch einige Walking Tours sowie reichlich Informationen zum Thema Gastronomie der Stadt. Nur auf Englisch und Hebräisch (kostenlos für Android und iOS).

› **Telobike:** Die App der grünen Tel-O-Fun Bikes, mit der man im Handumdrehen die nächstgelegene Station erreicht und erfährt, wie viele Fährräder noch wo verfügbar sind. Nur auf Englisch und Hebräisch (kostenlos für Android und iOS).

› **TLV Scene:** Die homosexuelle Szene Tel Avivs mit Veranstaltungen, Partys und Ausgehtipps. Nur auf Englisch (kostenlos für Android und iOS).

› **Tel Aviv Airport:** Die englischsprachige App informiert über Verspätungen, Abflüge, das gastronomische Angebot und WiFi-Zonen am Flughafen (kostenlos für Android und iOS).

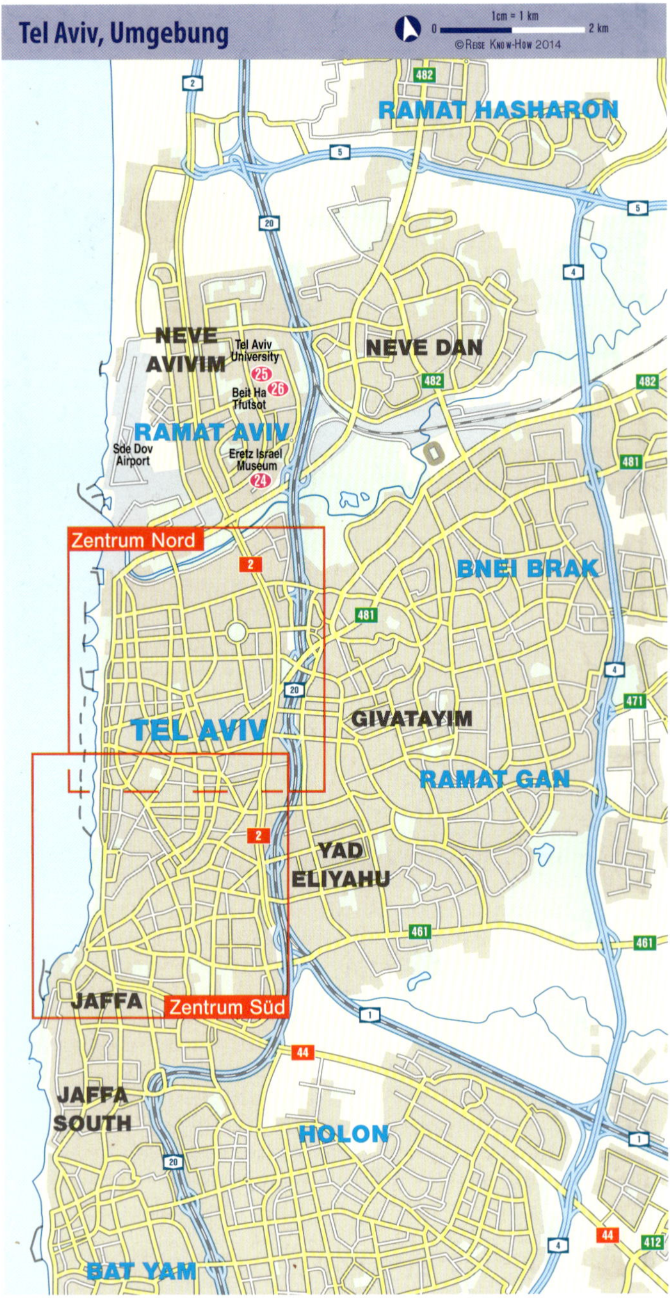
Tel Aviv, Umgebung
1cm = 1 km
0
2 km
©Reise Know-How 2014
RAMAT HASHARON
NEVE DAN
NEVE AVIVIM
Tel Aviv University
25
Beit Ha
26
Tfutsot
RAMAT AVIV
Sde Dov Airport
Eretz Israel Museum
24
Zentrum Nord
BNEI BRAK
TEL AVIV
GIVATAYIM
RAMAT GAN
YAD ELIYAHU
JAFFA
Zentrum Süd
JAFFA SOUTH
HOLON
BAT YAM